संविधान-सभा में जयपाल
(कॉलोनियल रिबेट, फ्यूडल डिबेट और आदिवासी आखेट)

संविधान-सभा में जयपाल

(कॉलोनियल रिबेट, फ्यूडल डिबेट और आदिवासी आखेट)

संविधान निर्माण सभा की बहसों में
जयपाल सिंह मुण्डा द्वारा किए गए
आदिवासी हस्तक्षेप और उनके भाषणों का संग्रह

संपादक
अश्विनी कुमार पंकज

SAMVIDHAN-SABHA MEN JAIPAL
(Jaipal in Constituent Assembly by **Ashwini Kr. Pankaj**

आदिवासी महासभा
की
एंजेलिना तिग्गा
कोमोला तिर्की
हन्ना बोदरा
और
सभी गुमनाम
आदिवासी लड़ाका औरतों को

कॉलोनियल रिबेट, फ्यूडल डिबेट और आखेट के बीच जयपाल सिंह मुंडा

कोई दस साल पहले भारतीय आदिवासियों के सर्वोच्च अगुआ और आदिवासियत के प्रवक्ता जयपाल सिंह मुंडा के जीवन और राजनीति पर काम करना शुरू किया था। उस वक्त उनके बारे में बहुत कम सूचनाएं इंटरनेट एवं अन्य दूसरे स्रोतों पर मौजूद थीं। फिर मैं भी कोई बहुत व्यवस्थित और सुविधासंपन्न अध्ययनकर्ता या शोधार्थी नहीं था। मेरी पहुंच बहुत सीमित थी। यहां तक कि मैं उन समृद्ध भारतीय पुस्तकालयों व आर्काइव्स तक भी पहुंचने की आर्थिक क्षमता नहीं रखता था, जो दिल्ली या कोलकाता में हैं। लेकिन तब भी परिश्रमपूर्वक लगा रहा जिसकी बदौलत 2015 में विकल्प प्रकाशन, दिल्ली से जयपाल की पहली जीवनी हिंदी में 'मरङ गोमके जयपाल सिंह मुंडा' शीर्षक से आई। किसी भी भाषा में जयपाल सिंह मुंडा की यह पहली प्रकाशित जीवनी है जिसका पुरजोर स्वागत हुआ। अभी इस साल इसका नया संस्करण दिल्ली के प्रभात प्रकाशन से प्रकाशित हुआ है।

उसी वक्त मैंने जयपाल सिंह मुंडा द्वारा संविधान निर्माण सभा में दिए गए वक्तव्यों को भी संकलित किया था। उसे प्रकाशन के लिए 2015 में अंतिम रूप भी दे दिया था। शीर्षक रखा था- Drafting India, Deleting Adivasis। संकलन अंग्रेजी में था और उसमें भूमिका भी अंग्रेजी में जानी थी, पर हिंदी में लिखी गई मेरी भूमिका का अंग्रेजी अनुवाद नहीं हो सका और आज तक वह पाण्डुलिपि अप्रकाशित पड़ी है। तब कई साथियों की राय यह भी थी कि उसे हिंदी में भी आना चाहिए। मेरी दिक्कत यह है कि मुझे अंग्रेजी नहीं आती। अगर अंग्रेजी पर मेरी पकड़ होती तो वह संकलन यूं पड़ी नहीं रह जाती। हिंदी की अखिल भारतीय पहुंच है यह ख्याल कर मैंने कई लोगों से अनुवाद की चर्चा चलाई भी पर सफलता नहीं मिली।

दो साल पहले मुझे संविधान निर्माण सभा के डिबेट की प्रतियां हिंदी में मिलीं। यह कुल 8 खण्डों में है जिसे लोक सभा सचिवालय,

भारत सरकार ने 2015 में तीसरी बार पुनःमुद्रित किया है। इसके 'प्राक्कथन' में यह सूचना अंकित है कि "9 दिसंबर, 1946 से 24 जनवरी, 1950 तक के संविधान सभा वाद-विवाद (हिन्दी संस्करण) का मुद्रण पहली बार 1950 में किया गया। लोक सभा सचिवालय ने इन वाद-विवादों का पुनःमुद्रण वर्ष 1994 में किया। वाद-विवाद के एक पूरे सेट में अनुक्रमणिका सहित 8 पुस्तकें शामिल हैं। सांसदों, शोधकर्ताओं और अन्य व्यक्तियों की निरंतर मांग को ध्यान में रखते हुए संविधान सभा के वाद-विवाद (हिन्दी संस्करण) को पुनःमुद्रित किया गया है।" हैरत होती है कि करीब 20 सालों तक अनुपलब्ध रहने के बाद सरकार ने 2015 में इसका पुनःमुद्रण कराया। इससे हम यह समझ सकते हैं कि एक महत्त्वपूर्ण ऐतिहासिक दस्तावेज, जो एक विशाल बहुनस्लीय, बहुजातीय और बहुभाषाई देश के संविधान निर्माण की प्रक्रिया और तत्कालीन राजनीतिक पार्टियों एवं राजनेताओं के सोच का आईना है, से हिंदी जानने वाली आम जनता परिचित हो सके, इसमें सरकार की कितनी दिलचस्पी रही है।

बहरहाल, मेरे लिए संविधान सभा की बहसों का हिंदी संस्करण किसी अनमोल सम्पदा से कम नहीं थी क्योंकि पिछले लगभग 10 सालों से मैं इसे हिंदी में चाह रहा था। विशेषकर जयपाल सिंह मुंडा के उन वक्तव्यों और विचारों के लिए जो उन्होंने 1946 से 1949 के बीच संविधान निर्माण सभा में व्यक्त किए थे। हिंदी संस्करण के हाथ में आते ही मैंने जयपाल के वक्तव्यों को संकलित करने का कार्य शुरू किया। इसमें, मतलब संकलन, टाइपिंग वगैरह मिलाकर, कई महीने लग गए। फिर दूसरी व्यस्तताओं के कारण यह काम छूट गया। इस साल कोविड-19 के 'कोरोना काल' में मैं जब अपने आधे-अधूरे कार्यों को फिर से देख रहा था तो इस पर ठहर गया। सोचा कि इस आदिवासी दिवस पर इसे जरूर लोगों को सौंप देना चाहिए।

मैंने इसमें जो भी सामग्री संकलित की है वह सीधे-सीधे लोक सभा सचिवालय द्वारा प्रकाशित 'भारतीय संविधान सभा के विवाद की सरकारी रिपोर्ट' के हिंदी संस्करण से ली है। इसलिए सबसे पहले उनके प्रति आभार व्यक्त करना कर्तव्य समझता हूं।

संविधान-सभा की कार्यवाहियां और अनुवाद की राजनीति

आप सब यह जानते ही हैं संविधान निर्माण सभा की बहसों की भाषा मुख्य रूप से अंग्रेजी थी। हिंदी, हिंदुस्तानी (उर्दू) अथवा अन्य भारतीय भाषाओं में 'रेयरली' ही राजनेताओं ने कुछ कहा था। इसलिए 'हिंदी संस्करण' वास्तव में संविधान निर्माण सभा की बहसों का पूरा का पूरा हिंदी अनुवाद है। हिंदी अनुवाद के लिए उस समय एक कमेटी थी जिस पर संविधान निर्माण सभा की समूची कार्यवाहियों के हिंदी अनुवाद का वैधानिक दायित्व था। समिति का गठन 1947 में किया गया था जिसके अध्यक्ष मध्यप्रदेश-बरार के घनश्याम सिंह गुप्त तथा सदस्य राहुल सांकृत्यायन, सुनीति कुमार चटर्जी, सत्यनारायण, जयचन्द्र विद्यालंकार और मराठी के विद्वान श्री दाते थे। के. एम. मुंशी के अनुसार, ''इस समिति में जो विशेषज्ञ हैं वे अपने अपने क्षेत्रों में सर्वोत्तम हैं जैसे भारत में मिल सकते हैं।''[1] लेकिन अनुवाद के संबंध में इनकी राय यह भी थी कि ''हमारे संविधान का अनुवाद किसी भारतीय भाषा में तब तक कैसे हो सकता है जब तक कि हम नये शब्दों को गढ़ करके वैधानिक और सांविधानिक विचारों को प्रकट न करें जो हमने अंग्रेजी के संविधान में अभिव्यक्त किये हैं। संस्कृत के अतिरिक्त हमारी सब भाषाओं में वैधानिक और सांविधानिक शब्दों का कोई पूर्ण कोष नहीं है। संस्कृत शब्दावली भी अपर्याप्त है।''[2] इसीलिए मुंशी जी ने स्पष्ट शब्दों में कहा था कि जो अनुवाद हो रहा है वह 'जनसाधारण' के लिए नहीं है। यानी जो यह ''समझते हैं कि सांविधानिक और वैधानिक शब्दावली भी ऐसी ही बननी चाहिये कि वह तथाकथित 'जनसाधारण' के लिये भी बोधगम्य हो''[3] तो अनुवाद उनके लिए नहीं किया जा रहा है।

वहीं, समिति के अध्यक्ष घनश्याम सिंह गुप्त का दावा था कि वे एक ऐसी हिंदी में संविधान सभा की बहसों और पारित किये जा रहे संविधान का अनुवाद कर रहे हैं जिसकी ''शब्दावली ऐसी हो जो केवल हिंदी क्षेत्र में ही स्वीकार्य न हो वरन् देश की सब भाषाओं को भी

---

1. भारतीय संविधान सभा के विवाद की सरकारी रिपोर्ट, खण्ड-7 : 17 सितंबर 1949, संस्करण 2015, पृ. 2552
2. पूर्वोक्त, पृ. 2553
3. पूर्वोक्त

स्वीकार्य हो जैसे मराठी, बंगाली, गुजराती और दक्षिण की भाषाएं हैं। जो शब्द श्री सत्यनारायण जी को या डॉ. चटर्जी को या श्री दाते को स्वीकार्य नहीं होता उसे हम अस्वीकार कर देते हैं। हम ऐसे ही शब्दों को लेते हैं जो एकमत से स्वीकार होते हैं जिससे कि यह शब्दावली भविष्य के लिये पारिभाषिक शब्दावली का (जहां तक संविधान का संबंध है) आधार बन सके, जो केवल हिंदी के लिये नहीं हो वरन् भारत की सब बड़ी-बड़ी भाषाओं के लिये हो।'' [1]

परंतु जब हम संविधान निर्माण सभा की कार्यवाहियों का हिंदी संस्करण देखते हैं तो यह पाते हैं कि 'जनसाधारण' के लिए वह 'बोधगम्य' तो नहीं ही है अनेक जगहों पर हिंदी अनुवाद के दौरान मूल कथन के आशय को ही पूरी तरह से बदल दिया गया है। प्रसंगवश एक उदाहरण प्रस्तुत कर रहा हूं जिसका सीधा संबंध आदिवासी समुदाय के अस्तित्व से जुड़ा है।

मूल अंग्रेजी-

'Scheduled Castes' means such castes, races or tribes or parts of or groups within such castes, races or tribes as are deemed under article 300A of this Constitution to be Scheduled Castes for the purposes of this Constitution.' [2]

अब इसका हिंदी अनुवाद देखिए -

'अनुसूचित जातियां' से अभिप्रेत हैं ऐसी जातियां, मूलवंश या आदिमजातियां अथवा ऐसी जातियों, मूलवंशों या आदिमजातियों के भाग या उनमें के यूथ जो कि इस संविधान के अनुच्छेद 300-क के अधीन इस संविधान के प्रयोजनों के लिये अनुसूचित जातियां समझी जाती हैं।' [3]

हिंदी अनुवाद में अनुसूचित जातियों को भारत की 'मूलवंशी' जातियां बताया जा रहा है जो कि अंग्रेजी कथन में है ही नहीं। हालांकि कोई यह कह सकता है कि अंग्रेजी में जो tribes शब्द है उसके कारण अनुवाद में 'मूलवंश' दिया गया है। लेकिन यह तर्क नहीं टिकता है जब हम अनुसूचित जनजातियों यानी आदिवासियों के संदर्भ में हुआ हिंदी

---

1. पूर्वोक्त, पृ. 2558   2. पूर्वोक्त, पृ. 2579   3. पूर्वोक्त

अनुवाद देखते हैं-

मूल अंग्रेजी-

'scheduled tribes' means such tribes or tribal communi-
ties or parts of or groups within such tribes or tribal com-
munities as are deemed under article 300B of this Con-
stitution to be scheduled tribes for the purposes of this
Constitution;' [1]

हिंदी अनुवाद -

'अनुसूचित आदिमजातियां' से अभिप्रेत हैं ऐसी आदिमजातियां या
आदिमजाति समुदाय अथवा ऐसी आदिमजातियों या
आदिमजाति-समुदायों के भाग या उनमें के यूथ जो कि अनुच्छेद
300-ख के अधीन इस संविधान के प्रयोजनों के लिये अनुसूचित
आदिमजातियां समझी जाती हैं।' [2]

मतलब 'अनुसूचित जातियां' तो भारत की मूलवंशी जातियां हैं
पर 'अनुसूचित जनजातियां' जिनको दुनिया का हर मानववैज्ञानिक बिना
किसी द्वंद्व के किसी भी भू-भाग का, जहां वो निवास कर रहे होते हैं,
मूल या प्रथम नागरिक मानते हैं, वह 'मूलवंश' की नहीं है।

अनुवाद के संदर्भ में यही हाल 'आदिवासी' शब्द का है। 1946
से शुरू हुई संविधान निर्माण सभा की बहसों में आदिवासी के लिए
मुख्य रूप से अंग्रेजी में दो शब्दों का प्रयोग हुआ है- Tribe और
Aboriginal का। लेकिन इनके लिए अनुवाद किये गए शब्दों में पहले
खण्ड से लेकर आठवें खण्ड तक में कहीं भी एकरूपता नहीं बरती गई
है। इनका अनुवाद कहीं 'वनजाति', कहीं 'कबीले वाले', कहीं 'कबायली
जाति', कहीं 'फिरके वाले', कहीं 'आदिम जाति', कहीं 'जन जाति',
कहीं 'पहाड़ी जाति', कहीं 'अनुसूचित जाति', तो कहीं 'आदिवासी'
हुआ है।

उपरोक्त उदाहरणों से यह साफ होता है कि आदिवासियों के
विरुद्ध जो घृणित राजनीति संविधान निर्माण सभा के भीतर व्याप्त थी,
वही उसके हिंदी अनुवाद में भी उसी रूप में मौजूद है। दरअसल इस
अर्थ में यह समूचा दस्तावेज जिसे हम 'संविधान निर्माण सभा की

---

1. पूर्वोक्त　　　　　　2. पूर्वोक्त, पृ. 2580

डिबेट' के रूप में जानते हैं, वास्तव में 'आदिवासियों के आखेट' का ऐतिहासिक दस्तावेज है।

संविधान-सभा की संरचना और आदिवासी प्रतिनिधित्व

जो संविधान निर्माण सभा देश का संविधान यानी उसका भविष्य तय करने जा रही थी उसके निर्वाचित और मनोनीत सदस्यों की कुल संख्या 299 थी। इनमें से 226 राज्यों के प्रतिनिधि थे, 70 रियासतों का प्रतिनिधित्व करते थे और तीन ब्रिटिश शासित दिल्ली, अजमेर-मेरवाड़ा और कूर्ग के मुख्य आयुक्त प्रांतों से थे। कुल 299 सदस्यों में से मात्र छह सदस्य ही आदिवासी थे। आज के झारखंड से तीन - 1. जयपाल सिंह मुंडा (मुंडा, रांची), 2. देवेन्द्रनाथ सामंत (मुंडा, चाईबासा) और 3. बोनीफास लकड़ा (उरांव, रांची) तथा उत्तर-पूर्व से तीन - 5. रेव. जे. जे. एम. निकोल्स-रॉय (खासी, गुवाहाटी), 6. मायंग नोकचा (नागा, नागालैंड) और 7. रूप नाथ ब्रह्मा (बोड़ो, असम)।

संविधान निर्माण के लिए मौलिक एवं अन्य अधिकारों के निधॆारिण, संबंधित मुद्दों पर बहस और कार्यों के संचालन हेतु कई समितियों एवं उपसमितियों का गठन किया गया था। इनमें मुख्य थीं- 1. मसौदा समिति (Drafting Committee), अध्यक्ष-डॉ. बी. आर. अम्बेडकर, 2. संघीय शक्ति समिति (Union Power Committee), अध्यक्ष-जवाहरलाल नेहरू, 3. प्रांतीय संविधान समिति (Provincial Constitution Com-mittee), अध्यक्ष- वल्लभभाई पटेल, 4. संघीय संविधान समिति (Union Constitution Committee), अध्यक्ष-जवाहरलाल नेहरू, 5. मौलिक अधिकार, अल्पसंख्यकों एवं जनजातीय और अपवर्जित क्षेत्रों संबंधी सलाहकार समिति (Advisory Committee on Fundamental Rights, Minorities and Tribal and Excluded Areas), अध्यक्ष-वल्लभभाई पटेल। इस समिति के तहत चार अलग-अलग उपसमितियां थीं- 5.1 : मौलिक अधिकारों संबंधी उपसमिति (Fundamental Rights Sub-Commit-tee), अध्यक्ष-जे. बी. कृपलानी, 5.2 : अल्पसंख्यक उपसमिति (Mi-norities Sub-Committee), अध्यक्ष-एच. सी. मुखर्जी, 5.3 : पूर्वोत्तर सीमांत जनजातीय क्षेत्रों और असम के अपवर्जित और आंशिक रूप से अपवर्जित क्षेत्रों संबंधी उपसमिति (North-East Frontier Tribal Areas and Assam Excluded & Partially Excluded Areas Sub-Committee), अध्यक्ष-गोपीनाथ बारदोलोई, और 5.4 : अपवर्जित और आंशिक रूप से अपवर्जित क्षेत्रों (असम के क्षेत्रें को छोड़कर) संबंधी उपसमिति (Excluded and Partially Excluded Areas, Other than those in Assam, Sub-Committee), अध्यक्ष-ए. वी. ठक्कर।

इंटरनेट पर आप देख सकते हैं उपरोक्त सभी मुख्य समितियों में सिवाय 'मूल अधिकार, अल्पसंख्यक अधिकार, आदिवासी एवं पूर्णतः वर्जित क्षेत्र अधिकार की सलाहकार समिति' को छोड़कर किसी में भी एक भी आदिवासी प्रतिनिधि को सदस्य नहीं रखा गया। यहां तक कि जो दो मुख्य उपसमितियां (पूर्वोत्तर एवं असम जनजाति पूर्णतः एवं अंशतः वर्जित क्षेत्र तथा असम को छोड़कर पूर्णतः एवं अंशतः वर्जित क्षेत्र उपसमिति) सीधे-सीधे आदिवासियों से जुड़ी हुई थी, इन दोनों में भी आदिवासी प्रतिनिधियों को कोई प्रभावी भूमिका नहीं दी गई। यानी उन्हें इन समितियों का अध्यक्ष नहीं बनाया गया। एक की अध्यक्षता गोपीनाथ बारदोलोई को और दूसरे की ए. वी. ठक्कर को दी गई। जबकि विशेषज्ञता के हिसाब से, जैसा कि अन्य समितियों एवं उपसमितियों के मामले में किया गया था, एक का अध्यक्ष रेव. जे. जे. एम. निकोल्स-रॉय को और दूसरे का जयपाल सिंह मुंडा को बनाया जाना अपेक्षित था। लेकिन ऐसा नहीं किया गया और अध्यक्ष पद उन्हें सौंपा गया जो आदिवासियों की बजाय गैर-आदिवासी 'आर्य-हिंदू' हितों के संरक्षक थे।

इसमें कोई संदेह नहीं कि संविधान सभा में आदिवासियों को बहुत कम प्रतिनिधित्व दिया गया था। यह कोई भी विश्लेषक या आम व्यक्ति देख सकता है कि तीन करोड़ आदिवासी आबादी में से मात्र 7 को संविधान निर्माण सभा में प्रतिनिधित्व दिया गया। यह जयपाल सिंह मुंडा को बहुत चुभता था। इसीलिए अपने दूसरे ही भाषण में उन्होंने आदिवासी प्रतिनिधित्व के सवाल को बहुत जोरदार ढंग से उठाया। 'लक्ष्य संबंधी प्रस्ताव' पर हो रही बहस के दौरान 19 दिसंबर 1946 को उन्होंने कहा- ''क्या तीन करोड़ से अधिक व्यक्तियों का पूर्णतया विस्मरण कर मंत्रिप्रतिनिधि मंडल ने हमारे साथ लापरवाही का बर्ताव नहीं किया है? क्या यह केवल राजनीति का कोरा दिखावा है कि आज

हमारे 6 सदस्य इस विधान-परिषद् में हैं। यह किस प्रकार?'' और प्रतिनिधित्व से उनका आशय सिर्फ आदिवासी पुरुषों से नहीं था बल्कि वे चाहते थे कि देश के नीति-नियम को बनाने में आदिवासी स्त्रियों की भी भागीदारी होनी चाहिए। उन्होंने स्पष्ट कहा- ''श्रीमान् जी, आदिवासियों से मेरा आशय केवल पुरुषों से ही नहीं स्त्रियों से भी है।''

उन्होंने बार-बार प्रतिनिधित्व के सवाल को उठाया और सदन को कटघरे में खड़ा किया। 24 जनवरी 1947 को फिर उन्होंने संविधान-सभा से सवाल किया- ''जहां तक आदिवासियों और कबीलेवालों का सम्बन्ध है क्या उसे आवश्यकता से अधिक महत्त्व दिया गया है? क्या यह ईमानदारी से कहा जा सकता है कि आप ने किसी भी रूप में उनकी स्थिति को आवश्यकता से अधिक महत्त्व दिया है? ...उसमें किसी, आदिवासी या कबीले वाली स्त्री का भी नाम नहीं है, ...इस कमेटी में कोई भील नहीं है। ...एक भी औरांव नहीं है। ...मौलिक अधिकार समिति, (फंडामैंटल राइट्स कमेटी) में कोई भी आदिवासी या कबीले वाले सदस्य नहीं हैं।'' उनके इस सवाल का कोई जवाब सदन के पास नहीं था। वल्लभभाई पटेल के मुताबिक यह कोई सवाल नहीं था बल्कि 'अनर्गल भाषण' था।

इस पर अगले दिन 25 जनवरी 1947 को सदन में जयपाल ने कहा-''इस सभा का रुख आज भी वैसा ही प्रतीत होता है जैसा उनके प्रति अतीत काल में रहा है..मेरी समझ में इसका कोई कारण नहीं आता कि यहां भी कबीले वालों को कोई प्रतिनिधित्व क्यों नहीं किया जा सकता था। ...मैं यह कहने के लिए लाचार हूं कि इस कमेटी की सदस्यता से कबायली क्षेत्रों को एकदम दूर रखा गया है।''

इससे यह समझने में कोई दिक्कत नहीं होती कि संविधान-सभा के लगभग 300 माननीय सदस्यगण आजाद होते भारत में आदिवासी विषय और प्रतिनिधित्व पर कितने गंभीर थे। क्योंकि नीतिगत रूप से एक लाख की जनसंख्या वाले हर आदिवासी समुदाय से एक सदस्य संविधान सभा में लिया जाना आवश्यक था। पर ऐसा नहीं किया गया और मात्र 7 आदिवासियों को जगह दी गई और उनमें से एक को भी संविधान-सभा की किसी भी महत्त्वपूर्ण समिति का सदस्य नहीं बनाया गया। यहां तक कि दोनों आदिवासी उपसमितियों

में भी उनकी भूमिका लगभग 'नगण्य' कर दी गई थी। जबकि आदिवासी जनसंख्या की तुलना में कम होते हुए भी पंजाब और सिख समुदाय से 8 लोगों को, पारसी समुदाय के 3 लोगों को और भारतीय ईसाई समुदाय के 4 लोगों को सदस्य बनाया गया था।

आदिवासी विषयक उपसमितियां और गैर-आदिवासी वर्चस्व

स्वतंत्र भारत के संविधान का प्रारुप बनाने का ऐतिहासिक कवायद लगभग तीन वर्षों (दो वर्ष, ग्यारह महीने और सत्रह दिन) तक चली। इस दौरान संविधान निर्माण सभा के कुल 11 सत्र आयोजित हुए जो 165 दिनों तक चले। इनमें से 114 दिन सदस्यों ने संविधान के प्रारुप पर विचार-विमर्श में खर्च किए और शेष अन्य मुद्दों पर। संविधान के प्रारूप पर विचार-विमर्श के दौरान सभा के पटल पर कुल 7,635 संशोधन रखे गए जिनमें लगभग 2,473 संशोधनों पर चर्चा हुई और उनका निपटारा किया गया। 26 नवंबर, 1949 को इस प्रारूप को भारत के संविधान के रूप में अंगीकृत किया गया और 24 जनवरी, 1950 को माननीय सदस्यों ने उस पर अपने हस्ताक्षर किए। जिसके बाद 26 जनवरी, 1950 को भारत का संविधान लागू हुआ। संविधान के लागू होते ही संविधान सभा का अस्तित्व खत्म हो गया और उसका रुपांतरण 1952 में नई संसद के गठन तक अस्थाई संसद के रूप में हो गया।

परंतु इन सब तथ्यों के साथ हमें यह याद रखना चाहिए कि 26 नवंबर, 1949 को अंगीकृत भारत का संविधान 'मौलिक' नहीं था बल्कि वह पूरी तरह से अंग्रेजों द्वारा बनाए गए 'इंडिया एक्ट 1935' की 'कॉपी' थी जिसमें नये भारतीय शासक वर्ग ने अपने नस्लीय, धार्मिक और जातीय हितों के अनुरूप कुछ 'रंग-रोगन' अथवा 'जोड़-घटाव' कर दिए थे। यानी उसकी 'आत्मा' तो गौरांग प्रभुओं की ही थी पर चेहरा 'श्यामवर्णी हिंदु ईश्वरों' जैसा कर दिया गया। इस नस्लीय और धार्मिक 'समुद्र मंथन' को अंजाम देने में अगड़े-पिछड़े-दलित सभी तरह के हिंदु और मुस्लिम श्रेष्ठियों व सामंतों ने दो वर्ष, ग्यारह महीने और सत्रह दिन लगाए।

आदिवासी विषय मुख्य रूप से उन दो उपसमितियों पर छोड़ दिया गया था जिसके अध्यक्ष गैर-आदिवासी थे जिनको न तो समूचे

पूर्वोत्तर व असम का और न ही शेष भारत के आदिवासी समुदायों का कोई अनुभव था। गोपीनाथ बारदोलोई असमिया ब्राह्मण थे तो ए. वी. ठक्कर भी सौराष्ट्र (गुजरात) के उच्च जाति (संभवतः क्षत्रीय या ब्राह्मण) से थे। पांच सदस्यों वाली बारदोलोई उपसमिति में अध्यक्ष के अलावा अन्य सदस्य थे- रेव. जे. जे. एम. निकोल्स-रॉय, रूप नाथ ब्रह्मा, मायंग नोकचा (बाद में इनकी जगह अलीबा इम्ती आए) और ए. वी. ठक्कर। वहीं, ठक्कर की अध्यक्षता वाली उपसमिति के सदस्य जयपाल सिंह मुंडा, देवेन्द्रनाथ सामंत, फूलभान शाह, जगजीवन राम, डॉ. प्रफुल्लचंद्र घोष और राज कृष्ण बोस। ठक्कर महोदय दोनों उपसमितियों में थे जबकि इनकी अध्यक्षता वाली उपसमिति में तीन और गैर-आदिवासियों (राम और घोस-बोस) को रखा गया था।

ऐसे में यह सवाल उठना स्वाभाविक है कि इन दोनों उपसमितियों में, जिन्हें विशेष तौर पर सिर्फ आदिवासी विषयों को लिए ही गठित किया गया था, गैर-आदिवासियों को क्यों रखा गया था? जब संविधान सभा की दूसरी किसी महत्वपूर्ण समिति में एक भी आदिवासी सदस्य को रखना गैर-जरूरी समझा गया था तो फिर बारदोलोई, ठक्कर, राम और घोष-बोस को आदिवासी उपसमितियों में रखना क्यों जरूरी था? दोनों समितियों में ठक्कर का होना क्यों आवश्यक था? जो छह आदिवासी सदस्य संविधान सभा में निर्वाचित या मनोनीत होकर पहुंचे थे क्या उनमें योग्यता नहीं थी? क्या वे आदिवासी हितों को देश हित पर लाद देने का षड्यंत्र कर देते? या कि इस तरह की मांग रख देते जिससे निपट पाना संविधान सभा के लगभग 300 गैर-आदिवासी सदस्यों के लिए असंभव हो जाता? आखिर बहुमत तो उन्हीं के हाथ था। ऐसे में केवल छह आदिवासी सदस्य उनका क्या बिगाड़ लेते? वह भी उस सूरत में जबकि छह में से तीन आदिवासी सदस्य कांग्रेस के थे- रेव. जे. जे. एम. निकोल्स-रॉय, रूप नाथ ब्रह्मा, और देवेन्द्रनाथ सामंत। जबकि तीन कांग्रेस विरोधी थे- झारखंड के जयपाल सिंह मुंडा, बोनीफास लकड़ा और नागा सदस्य मायंग नोकचा (या अलीबा इम्ती)।

क्या मामला सिर्फ आर्थिक और राजनीतिक प्रभुत्व तथा वर्गीय हित का था? या सवाल इससे कहीं आगे जाता था? आगे कहां तक, जहां वर्चस्व के वास्तविक नस्लीय हित थे। 'देवभाषा' में रचे गए उन

वैदिक पौराणिक मिथकीय कहानियों, धार्मिक ग्रंथों और मनुस्मृतियों के उन आचार संहिताओं में जिनसे उनका मानस और दृष्टि निर्मित हुई थी। जिसके आधार पर वे सब 'देवतुल्य' थे और आदिवासी 'राक्षसतुल्य'! लेकिन आजाद हो रहे भारत में अब जिन्हें समान नागरिकता और अधिकार देना ही नहीं बल्कि उन्हें मनुष्य की श्रेणी में भी रखना जरूरी हो गया था। नस्लीय हितों का ही यह प्रचंड आग्रह था कि उन्हें मनुष्य तो माना जाए पर 'आदिवासी' के रूप में नहीं बल्कि अति पिछड़ा हिंदू मनुष्य के रूप में!

इसके लिए यह जरूरी था कि जो संवैधानिक बाध्यता 1935 के इंडिया एक्ट में थी, उसे नये संविधान में इस तरह से समेकित जाए कि आने वाले वर्षों में 'आदिवासी' बचे ही नहीं, बचे भी तो वह अति पिछड़ा हिंदु बनकर रह जाए। यही कारण है कि दोनों उपसमितियों की कमान कट्टर हिंदुओं को दी गई और पूर्वोत्तर एवं असम को छोड़कर जो आदिवासी उपसमिति थी उसमें तीन के मुकाबले चार गैर-आदिवासी सदस्य रखे गए। इसलिए कि यह वो उपसमिति थी जो उनके नस्लीय और शासक वर्गीय हितों का खेल पूरा बिगाड़ सकती थी और जिसका असर संपूर्ण भारत में हो सकता था। क्योंकि पूर्वोत्तर और असम के सुदूरवर्ती आदिवासी क्षेत्र शेष भारत से हर दृष्टि से भिन्न तो थे ही उनका असर भी मैदानी भारत पर नहीं के बराबर था। पूर्वोत्तर के आदिवासी क्षेत्र भारत के शेष हिस्से से पूरी तरह से अलगाव में थे। लेकिन बिहार, बंगाल, मध्य प्रदेश, महाराष्ट्र, गुजरात, राजस्थान, उत्तर प्रदेश, महाराष्ट्र, ओड़िसा आदि ऐसे राज्य थे जहां के आदिवासी इलाके मैदानी भारत से जुड़े हुए थे। इन इलाकों में रह रही आदिवासी आबादी संपूर्ण भारत की सांस्कृतिक-राजनीतिक तस्वीर को अपने 'आदिवासियत' के संघर्ष से बदल देने में या बहुत हद तक प्रभावित कर पाने में पूरी तरह से सक्षम थी; और जिसकी अगुआई एक ऐसे आदिवासी के हाथ में थी जो उन्हीं की तरह शासकों के सबसे प्रतिष्ठित विश्वविद्यालय 'ऑक्सफोर्ड' से पढ़कर आया था। जिसने दुनिया देख रखी थी।

संविधान-सभा का नस्लीय चरित्र

सभा का नस्लीय चरित्र 'आर्य' सोच-विचार और परंपरा से अलग नहीं था। 299 सदस्यों में से 70 तो सीधे-सीधे बड़े सामंत और राजा-महाराजा थे। बचे 229, तो इसमें आप छह आदिवासियों को निकाल दें तो जो 222 लोग बचेंगे उनमें से अधिकांश ऊंची जाति वाले बड़े भू-पति, जमींदार और प्रभुत्वशाली लोग थे। औपनिवेशिक शिक्षण और यूरोपीय ज्ञान-विज्ञान से 'बिगड़ चुका' भारत 'लोकतंत्र' से रोमांस शुरु करने को उतावला था। ऐसे में इन आर्य श्रेष्ठियों व सामंतों को यह डर था कि 'सोवियत क्रांति के बयार' से बहककर 'लोकतंत्र के प्रेम' में पड़ा हुआ नया भारत कहीं उनके नस्लीय, धार्मिक, लैंगिक, सामंती और जातीय पदानुक्रम को उलट कर न रख दे। उन्हें सबसे ज्यादा डर 'अंग्रेज सरकार और ईसाई मिशनरियों' के उन कानूनी प्रावध ानों से था, जिनसे कुछ हद तक आदिवासियों को राहत यानी 'कॉलोनियल रिबेट' मिल रही थी। 'इनर लाइन परमिट', 'प्रतिबंधित क्षेत्र', 'विलिंक्सन रूल्स', 'छोटानागपुर टिनेंसी एक्ट' आदि कानूनों की वजह से गैर-आदिवासी न तो आदिवासी इलाकों में स्वतंत्रतापूर्वक जा सकते थे, वहां बस सकते थे, कोई धंधा-व्यापार कर सकते थे और ना ही जमीन-जायदाद खरीद सकते थे। लिहाजा सदन के सभी 'माननीय' सदस्यगण चाहते थे कि आदिवासी संबंधी सारे ब्रिटिशकालीन कानूनी प्रावधान जो उनके नस्लीय 'आर्य' हितों में बाधक बने हुए थे, नये बनाये जा रहे संविधान में नहीं रहें। और अगर रहें भी तो वह 'अधि कार' की बजाय केवल 'खैरात' हो।

यह नस्लीय 'आर्य' सोच हमें संविधान-सभा की बहसों में, जो पूरी तरह से 'फ्यूडल' थी, बार-बार सुनाई पड़ती है। सदन के प्रायः सभी 'माननीय' की इच्छा एकमत से यही थी कि- "हम आदिवासी लोगों को आत्मसात करना चाहते हैं। (*क्योंकि ब्रिटिश कानूनों के कारण*) हमें अब तक वह मौका नहीं मिला।...अंग्रेजी काल में हमें वहां अपनी संस्कृति नहीं फैलाने दी जाती थी।" (देखें-रोहिणी कुमार चौधरी, 6 सितंबर 1949) "पहले वे क्षेत्र बिल्कुल अपवर्जित क्षेत्र थे क्योंकि मैदानों में से कोई भी वहां जाकर उनसे सम्पर्क स्थापित नहीं कर सकता था।...(ब्रिटिश) जिसे चाहते 24 घण्टों में उस स्थान से निकाल सकते

थे।'' (गोपीनाथ बारदोलोई, 6 सितंबर 1949)

जाहिर है कि ब्रिटिशकालीन कानूनी प्रावधान आर्य सदस्यों के लिए सबसे बड़ी चुनौती थी। बिहार के जदुबंश सहाय के शब्दों में- ''यह हमारे लिये चुनौती है। यह भारत के सामाजिक कार्यकर्ताओं (अर्थात् आर्यों) के लिये चुनौती है और हम उस चुनौती को स्वीकार करते हैं।... हमें (सिर्फ) दस वर्ष का समय दीजिये।'' (जदुबंश सहाय, 25 अगस्त 1949) अतः आदिवासी हितों के रक्षार्थ बनाये गए ब्रिटिश निर्मित कानूनों से निपटने के लिए उन्हें संविधान में ऐसे नये प्रावधानों की जरूरत थी जो 'आत्मसात' की 'आर्य संस्कृतिकरण' प्रक्रिया को वैधानिकता प्रदान करे न कि उसमें बाधा डाले।

और यह भी स्पष्ट है कि संविधान-सभा के 'आर्य' सदस्य आदिवासियों को 'आत्मसात' करने के लिए ही नहीं वरन् उनका 'आखेट' (हंट) करने को भी उतावले थे जिसकी परिणति हम 1947 के बाद 'आजाद हुए भारत' में पाते हैं। 'आत्मसात' यानी 'मेनस्ट्रीमिंग' यानी 'आदिवासी आखेट'। इस संदर्भ में आपको याद होगा ही कि नवंबर 2009 में 'नक्सलवाद' उन्मूलन के नाम पर पांच आदिवासी बहुल राज्यों में चलाए गए एक सैनिक अभियान का नाम 'ऑपरेशन ग्रीन हंट' था।

संविधान-सभा आदिवासियों को नस्लीय तौर पर किस रूप में देखती थी इसको समझने के लिए 6 सितंबर 1949 की बहस को जान लेना काफी है जब 6ठी अनुसूची पर बहस हो रही थी। असम के 'माननीय' कुलधर चलिहा बोले, आदिवासी 'सिर उड़ा देनेवाले' लोग हैं तो बिहार के ब्रजेश्वर प्रसाद के अनुसार आदिवासी ''योग्य, बुद्धिमान, न्यायप्रिय'' नहीं हैं। उड़ीसा के लक्ष्मीनारायण ने कहा, ''नागा लोग हैड हंटर'' और उड़ीसा के ''कन्ध लोग ह्यूमन सेक्रीफाइस'' (नरबलि) करने वाले हैं। उड़ीसा के ही युधिष्ठिर मिश्र की मान्यता थी, ''आदिम-जातियों का सामाजिक, शिक्षा सम्बन्धी तथा राजनैतिक स्तर गिरा हुआ'' है। जबकि इसके पूर्व 25 अगस्त 1949 को बिहार के जदुबंश सहाय कह चुके थे-''आदिमजातियां पिछड़ी हुई हैं'' उनकी समस्याओं को उनकी नजर से नहीं बल्कि ''सामाजिक कार्यकर्ताओं'' (आर्य समाज सुधारकों) की नजर से देखा जाना चाहिए। और यदि उनको सिर्फ दस साल मिले

तो वे आदिवासियों का पूरी तरह से ''आत्मसात'' करके दिखा देंगे।

आदिवासी लोग जंगली हैं, असभ्य हैं, बर्बर हैं, पिछड़े हैं, अविकसित हैं, हेड हंटर हैं, हत्यारे हैं, नरबलि देने वाले हैं, आदि धारणा संविधान सभा के सभी गैर-आदिवासी सदस्यों में समान रूप से व्याप्त थी। चाहे वह नेहरू हों, पटेल हों, चलिहा हों, मिश्र हों, सहाय हों, सिंह हों या अम्बेडकर हों। कोई भी गैर-आदिवासी 'माननीय' सदस्य इस नस्लीय सोच से बचा हुआ नहीं था और इस बात को जयपाल संविधान-सभा में पहुंचने से पहले ही अच्छी तरह से जानते थे। इसीलिए 'जंगली होने पर उन्हें गर्व है'', इसकी घोषणा करके उन्होंने यह जता दिया था कि वे लोग उनका मनोबल तोड़ नहीं सकते। भले ही उन सबकी संख्या उनसे कई गुणा ज्यादा क्यों न हो!

लेकिन 6 सितंबर 1949 को जितनी नस्लीय घृणा माननीय सदस्यों द्वारा सदन में व्यक्त की गई थी, वह सहन से बाहर थी। इतनी बाहर कि जयपाल को यह कहना पड़ा- ''आज प्रातः कुछ सदस्यों ने ...जितना जहर उगला है उससे मैं स्तम्भित हूं।''

जयपाल जो भी बोले, सटीक और सार्थक बोले

जयपाल सिंह मुंडा विलक्षण प्रतिभा के थे। चीजों को समझने के लिए उनके पास 'आदिवासियत' और 'ऑक्सफोर्डियन' दोनों दृष्टि थी। पुरखों की बनाई हुई आदिवासी दुनिया और गैर-आदिवासियों द्वारा शोषण व लूट पर खड़े किए गए 'आधुनिक सभ्यताओं' के बीच वह पले-बढ़े और शिक्षित हुए थे। इसलिए दोनों के मूल चरित्र और जीवनदर्शन की खामियों और खूबियों को अच्छी तरह से जानते थे। बेवजह 'उलझना', 'कुतर्क' या 'शब्दों की बाजीगरी' आदिवासी स्वभाव में नहीं है जो उनमें भी नहीं थी। बहुत सोच-समझकर और सटीक बोलते थे। संविधान-सभा के कुल 165 कार्यदिवसों में जयपाल कितने दिन उपस्थित रहे, इसका आंकड़ा उपलब्ध नहीं है। पर संशोधन प्रस्तावों और तत्संबंधी हुई चर्चाओं के दौरान दिए गए उनके वक्तव्यों से पता चलता है कि 26 कार्यदिवसों में उन्होंने सीधा बौद्धिक हस्तक्षेप किया। संविधान-सभा में उनके द्वारा बोले गए शब्दों की संख्या 18,404 है। लेकिन वैसे 'माननीय' जो मौलिक अधिकार समिति के भी सदस्य

नहीं थे, जैसे एच. वी. कामत, नजीरूद्दीन अहमद, के. टी. शाह, शिब्बन लाल सक्सेना, ठाकुरदास भार्गव, उन्होंने एक लाख से ज्यादा शब्दों का प्रयोग किया। यह ध्यान रखने वाली बात है कि जयपाल मौलिक अधिकार समिति के साथ-साथ, वित्त एवं स्टाफ समिति और आदिवासी उपसमिति के भी सदस्य थे। यहां तक कि इन माननीय जितने शब्दों का बेतहाशा प्रयोग जवाहरलाल नेहरू ने भी नहीं किया। उनके द्वारा बोले गए शब्दों की कुल संख्या 73,804 है।

लंदन में वर्षों रहने तथा ऑक्सफोर्ड में मिडिल स्कूल से लेकर उच्च शिक्षा तक की पढ़ाई के कारण उनकी अंग्रेजी बहुत अच्छी थी। सदन के सभी सदस्य, पर्यवेक्षक और पत्रकार उनकी वक्तृता शैली के कायल थे। वे बहुत ही चुटीले ढंग से बातों को रखते थे। ऐसा कि बात भी कह दी जाए और किसी को ठेस भी न पहुंचे। 11 दिसंबर 1946 को दिए गए उनके पहले वक्तव्य का ही यह अंश देखिए-

'So far as I have been able to count, we are here only five. But we are millions and millions and we are the real owners of India.'

(जहां तक मैं समझता हूं हम केवल पांच सदस्य ही यहां हैं। पर हमारी संख्या कई लाख है और वस्तुतः भारतवर्ष हमारा है।)

300 श्रेष्ठियों, सामंतों और रजवाड़ों के खिलाफ एक आदिवासी

संविधान-सभा में जयपाल सिंह अकेले थे। अगर कभी-कभार साथ दिया तो रेव. जे. जे. एम. निकोल्स-रॉय ने। जो जयंतिया खासी हिल्स से प्रतिनिधि चुनकर आए थे। आज की आदिवासी पीढ़ी को यह देखकर आश्चर्य हो सकता है कि शेष पांच आदिवासी सदस्यों ने सदन में कुछ नहीं बोला। ये सदस्य थे- रूप नाथ ब्रह्मा (असम), देवेन्द्र नाथ सामंत (झारखंड), फूलभान शाह (मध्य प्रदेश) और बोनीफास लकड़ा (झारखंड)। नागा समुदाय के सदस्य मायंग नोकचा ने और बाद में उनकी जगह लेने वाले अलीब इमती ने कभी भी संविधान-सभा की कार्रवाइयों में भाग नहीं लिया। यानी लगभग 300 सदस्यों के मुकाबले संविधान-सभा में सिर्फ एक अकेला आदिवासी था, जो बोल रहा था, और वह थे जयपाल सिंह मुंडा।

संविधान-सभा में दिए गए पहले वक्तव्य में उन्होंने बिना किसी भय और हिचक के कहा-''मेरी दृढ़ धारणा है कि भारत के मूल आदिवासियों के वास्तविक पुनर्वास और पहले की तरह स्थिरता में आने का यह केवल पहला चरण है। पहले अंग्रेजों को भारत छोड़ने दीजिए, फिर बाद में आये हुए सभी 'बाहरी' लोगों को भी यहां से जाना होगा। तब सिर्फ यहां मूल निवासी रह जायेंगे।'' फिर अगले दिन के अपने दूसरे वक्तव्य में उन्होंने सदन को आश्वस्त किया कि आदिवासी लोग नये भारत के पक्ष में हैं। 11 दिसंबर 1946 को कहे गए उनके ही शब्दों में-''अपने 3 करोड़ आदिवासियों की ओर से मैं इस संकल्प का समर्थन करता हूं। इस भय से नहीं कि इसे भारत के राष्ट्रीय कांग्रेस के एक बड़े नेता ने प्रस्तावित किया है। हम इसका समर्थन इसलिए करते हैं क्योंकि यह देश के हर नागरिक की धड़कन और उनकी भावनाओं की अभिव्यक्ति करता है। इस संकल्प के एक भी शब्द के साथ हमारा कोई झगड़ा नहीं है। एक जंगली और एक आदिवासी होने के नाते संकल्प की जटिलताओं में हमारी कोई विशेष दिलचस्पी नहीं है।'' उन्होंने इस बात को निर्भिकता से रखते हुए कहा कि 'गैर-आदिवासी' समाज का व्यवहार सदियों से आदिवासी समुदाय के प्रति 'सम्मानजनक' और 'विश्वासपूर्ण' नहीं रहा है, फिर भी वे सदन पर पूरा भरोसा रखते हैं। 19 दिसंबर 1946 को जयपाल बोले- ''यदि इतिहास मुझे कुछ भी सिखाता है, तो मुझे इस प्रस्ताव पर अविश्वास प्रकट करना चाहिये, पर मैं ऐसा नहीं करता। अब हम नवीन पथ पर हैं। अब हमें केवल परस्पर विश्वास करना सीखना है।'' परंतु संविधान-सभा की बहसों से पता चलता है कि विश्वास की बात तो दूर, समूचा सदन आदिवासी समुदायों के साथ वही 'छल-प्रपंच' करने में लगा था, जो उनकी नस्लीय फितरत थी।

जयपाल की समझ बहुत साफ थी कि देश औपनिवेशिक संघर्ष से मुक्ति की ओर बढ़ रहा है। लेकिन आदिवासियों को अपनी मुक्ति के लिए अभी और संघर्ष करना होगा। इसलिए वे चाहते थे कि पहले सभी भारतीय मिलकर 'स्वतंत्रता' के इस पहले चरण को सफल बनाएं। इसके बाद ही वे आदिवासियों की मुक्ति देखते थे जो पिछले छह हजार सालों से बाहरी आर्य घुसपैठियों से त्रस्त थे। इसी से उन्होंने बहुत

साफगोई से सदन में 11 दिसंबर 1946 को कहा कि ''पहले अंग्रेजों को भारत छोड़ने दीजिए, फिर बाद में आये हुए सभी 'बाहरी' लोगों को भी यहां से जाना होगा। तब सिर्फ यहां मूल निवासी रह जायेंगे।'' अगर इसे हम एक 'रणनीति' के बतौर देखें तो हमें यह समझने में कोई मुश्किल नहीं होगी कि जयपाल सिंह मुंडा क्या चाहते थे।

कई लोगों का ऐसा निष्कर्ष है कि वे संविधान-सभा में कुछ नहीं कर पाए। भारतीय संविधान और देश की रचना में उनका कोई योगदान नहीं है। ऐसे लोगों को संविधान-सभा में उनके दिए गए वक्तव्यों को सावधानी से पढ़ना चाहिए और उन बहसों पर गंभीरता से नजर दौड़ानी चाहिए जिनमें उन्होंने हस्तक्षेप करने की कोशिश की। साथ ही यह भी समझना होगा कि पचास के दशक में इस देश की राजनैतिक समझदारी क्या थी और लोग आदिवासियों के बारे क्या धारणा रखते थे। और इस संदर्भ में सबसे महत्त्वपूर्ण बात यह कि जयपाल सिंह मुंडा के वक्तव्यों को 'आदिवासी' नजरिए से समझना होगा तभी कोई भी उनके वास्तविक 'आशय' को पकड़ पा सकता है। जब वे 19 दिसंबर 1946 को कहते हैं कि ''एक आदिवासी होने के नाते संकल्प (ऑब्जेक्टिव रिजोल्यूशन) की जटिलताओं में हमारी कोई विशेष दिलचस्पी नहीं है'' तो इसके गहरे निहितार्थ हैं। उनकी साफ समझदारी थी कि ''थोथे शब्दों की घोषणा करने से नहीं, वरन् यह न्यायोचित व्यवहार के कारण ही होगा'' जिसपर वे अंत तक जोर देते रहे।

जब भी उन्होंने आदिवासी सवालों को उठाया, सदन के 'माननीय' सदस्यों ने, उनको मनोवैज्ञानिक रूप से हतोत्साहित करने का पूरा प्रयास किया। सदन के लिए उसमाजसेवी ए. वी. ठक्कर उनसे ज्यादा 'आदिवासी' थे। एक तरह से कहें तो कांग्रेस, गांधी और आर्य हिंदु जमात के इस 'कमांडर' के हाथों में ही देश के आदिवासियों का 'भविष्य' पूरी तरह से गिरवी रख दिया गया था। सदन के अनुसार ठक्कर ही आदिवासियों के सच्चे प्रतिनिधि थे क्योंकि ''उन्होंने अपना समस्त जीवन आदिवासियों की सेवा में बिता दिया है'' (24 नवंबर 1948)।

संविधान-सभा की बहसों को देखें तो पता चलेगा कि जब-जब जयपाल सिंह मुंडा ने मौलिक अधिकारों पर चल रही बहस के दौरान

आदिवासी धर्म, संस्कृति और जमीन संबंधी अधिकारों पर फैसला नहीं लेने का विचार रखा, तो उसे यह कहकर हमेशा खारिज किया गया कि हम आदिवासी उपसमितियों की रिपोर्ट पर बात नहीं कर रहे हैं। जवाहरलाल नेहरू ने 30 अप्रैल 1947 को दो-टूक शब्दों में कह दिया, ''मेरी समझ में यह नहीं आता कि उसका मौलिक अधिकार से क्या सम्बन्ध है? मैं इस विषय में पूर्णतः सहमत हूं कि कबायली जाति वालों तथा उनके प्रदेशों की रक्षा होनी चाहिए। (वाह, खूब) और वर्तमान कानूनों को - मैं नहीं जानता कि ये कानून क्या हैं - आगामी कानून-व्यवस्था में समय आने पर सम्मिलित कर लेना चाहिए। किन्तु इसकी कल्पना मौलिक अधिकार के रूप में करना एक बिल्कुल गलत बात होगी।''

वहीं, वल्लभभाई पटेल ने 18 जुलाई 1947 की बहस में कहा- ''अभी हमें इस प्रश्न पर विचार नहीं करना चाहिये, बल्कि इस वाक्यखंड में जिस सामान्य सिद्धांत का प्रतिपादन किया गया है उसे स्वीकार कर लेना चाहिये। सब-कमेटी की रिपोर्ट आने के बाद यदि इस वाक्य-खंड में कुछ परिवर्तन करने की आवश्यकता हो तो वह इसमें शामिल कर दी जायेगी।'' 'सब-कमेटी' से यहा आशय दोनों आदिवासी उपसमितियों से है।

लेकिन ऐसा हुआ नहीं। संविधान-सभा लगातार आदिवासी हक-हकूक और उनके पुरखा अधिकारों का अतिक्रमण करती चली गई। बारदोलोई और ठक्कर की अध्यक्षता वाली दोनों आदिवासी उपसमितियों ने तब तक सदन में अपनी रिपोर्टें पेश नहीं की, जब तक कि मूल नागरिक अधिकारों को पारित कर संवैधानिक रूप से उसे आदिवासियों पर थोप नहीं दिया गया। 30 अप्रैल को जब संविधान-सभा में नागरिकों के मौलिक अधिकार के अंतर्गत 'स्वतंत्रता के अधिकार' पर बहस चल रही थी तो जयपाल ने संशोधन प्रस्ताव रखते हुए सदन से आग्रह किया, ''इस धारा पर विचार दोनों उप-समितियों की रिपोर्टें मिलने तक स्थगित रखा जाये।'' इस पर प्रायः सभी सदस्यों ने एकमत से जयपाल के 'स्थगन प्रस्ताव' का विरोध किया। वल्लभभाई पटेल ने स्पष्ट रूप से कहा, ''ट्राइब (जातियों) के लिए पृथक् प्रबंध करना भारतीय संस्कृति के लिए शोभनीय नहीं है।...उनकी रक्षा वर्तमान कानूनों द्वारा

नहीं होगी। उनकी रक्षा तो हमारे अपने कार्य और हमारी नेकनीयती से ही होगी।'' पर हम यह 'नेकनीयती' तीन वर्षों तक चली बहसों में कहीं नहीं पाते हैं।

जवाहरलाल नेहरू, वल्लभभाई पटेल और डॉ. बी. आर. अंबेडकर द्वारा बार-बार उनके इस प्रस्ताव को नकारने पर कि 'आदिवासियों को प्रभावित करने वाले मौलिक अधिकार संबंधी प्रस्ताव पर विचार स्थगित रखा जाए, जयपाल को भी यह कहना पड़ा- ''आज ही प्रातःकाल एक मित्र ने मुझसे बात करते समय कहा था- ''क्या आप चाहते हैं कि सृष्टि के अंत तक आदिवासियों की भूमि की बेदखली न हो सके।'' आदिवासियों की महत्त्वपूर्ण मांगों का जैसा मजाक उड़ाया जाता है उसी का यह एक उदाहरण है। हम समानता की बातें करते रहे हैं। समानता की बात बड़ी भली जान पड़ती है, किन्तु जब आदिवासियों के भूमि पर अधिकार का प्रश्न उठता है तो मैं भेदभाव की मांग करता हूं। इसीलिये मैं अनुरोध करता हूं उन समितियों की रिपोर्ट प्राप्त होने तक, जो आदिवासियों के सम्बन्ध में विचार करेंगी, इस धारा पर विचार स्थगित रखा जाये, क्योंकि वह ''...आदिवासियों के अधिकारों को प्रभावित करेगा और इस सम्बन्ध में कोई भी निश्चय न किया जाये - चाहे यह निश्चय कितना भी अस्थायी क्यों न हो'' (30 अप्रैल 1947)। इसलिए मैं आप सबसे अनुरोध करता हूं कि ऐसी धाराओं तथा उनकी व्याख्याओं पर विचार स्थगित रखा जाये।

परंतु सभा ने उनके प्रस्ताव को दरकिनार करते यह पारित कर दिया कि ''प्रत्येक नागरिक को संघ के किसी भाग में रहने और बसने, सम्पत्ति प्राप्त करने, रखने या बेचने और सम्पत्ति का हकदार होने और किसी भी रोजगार, व्यापार कारबार या पेशा करने या चलाने का अधिकार'' है।

यह बात किसी से छुपी हुई नहीं है कि इसी संवैधानिक प्रावधान के सहारे 5वीं और 6ठी अनुसूची के आदिवासी अधिकारों को आज भी 'निष्प्रभावी' बनाया जाता है। अभी हाल ही में, 22 अप्रैल 2020 को सुप्रीम कोर्ट ने आंध्र प्रदेश एवं तेलंगाना के 'अनुसूचित क्षेत्रों' में स्थित स्कूलों में अनुसूचित जनजाति वर्ग से संबंधित शिक्षकों के 100 प्रतिशत आरक्षण को संवैधानिक रूप से अमान्य कर दिया। जनवरी

2000 में अविभाजित आंध्र प्रदेश के तत्कालीन राज्यपाल ने 5वीं अनुसूची के आधार पर यह व्यवस्था दी थी कि आंध्र प्रदेश के अनुसूचित क्षेत्र के स्कूलों में आदिवासी उम्मीदवारों को 100 प्रतिशत आरक्षण दिया जाए। लेकिन 'कहीं भी रहने, नौकरी, व्यवसाय करने' के मौलिक अधिकारों का हवाला देते हुए गैर-आदिवासियों ने तुरंत एक याचिका आंध्र प्रदेश हाई कोर्ट में डाल दी। हाई कोर्ट ने राज्यपाल के निर्णय को सही ठहारते हुए वह याचिका खारिज कर दी। तब मामला सुप्रीम कोर्ट पहुंचा। 'कोरोना' महामारी के दौरान जब आदिवासी प्रतिरोध करने की भी स्थिति में नहीं थे 22 अप्रैल 2020 को शीर्ष अदालत ने नस्लीय पूर्वाग्रह के तहत न सिर्फ राज्यपाल के निर्णय को पलट दिया बल्कि यह भी टिप्पणी की कि "केवल अनुसूचित जनजाति शिक्षकों द्वारा ही अनुसूचित क्षेत्रों के स्कूलों में पढ़ा पाने की सोच सही नहीं है और अतार्किक है। यह समझ से परे है।"

इससे भी ज्यादा क्रूर कार्रवाई हम झारखंड के हो-मुंडा इलाके में हुए 'पत्थलगड़ी आंदोलन' (2017-18) के साथ देखते हैं जो 5वीं अनुसूची के अंतर्गत 'हमारे गांव में हमारा राज' की मांग कर रहे थे; और अनुसूचित क्षेत्र में रूढ़ि प्रथा के अंतर्गत मातृभाषाओं में शिक्षा, सहकारी बैंक आदि शुरू करने का प्रयास कर रहे थे। सरकार ने कई सैनिक-अर्द्ध सैनिक बलों को उतार कर ने केवल हिंसात्मक दमन किया वरन् 'पत्थलगड़ी आंदोलन' को राष्ट्रविरोधी घोषित करते हुए हजारों 'अनाम' आदिवासियों पर 'देशद्रोह' का मुकदमा दर्ज किया, दर्जनों को जेल में डाला।

मौलिक नागरिक अधिकारों की आड़ में की गई राकजीय दमन की ऐसी कार्रवाइयां एक-दो नहीं है जिसके द्वारा 5वीं अनुसूची को अप्रभावी किया गया। अनगिनत मामले हैं। आदिवासियों की जमीन लूटने, उनका संस्कृतिकरण करने और उनके अन्य नागरिक अधिकारों का अपहरण करने के लिए 70 सालों से देश की केंद्रीय और राज्य सरकारें 5वीं एवं 6ठी अनुसूची के प्रावधानों को शिथिल करते रहे हैं। 'मौलिक अधिकारों' की आड़ में इस आने वाले खतरे को जयपाल बहुत अच्छी तरह से समझ रहे थे। इसीलिए जब संविधान-सभा में मौलिक अधिकारों पर बहस चल रही थी जयपाल ने यह पूरी कोशिश की कि आदिवासियों

को इससे बाहर रखा जाए। अर्थात् 5वीं और 6ठी अनुसूची पर ये सामान्य प्रावधान लागू नहीं हो जैसा कि ब्रिटिश शासन में व्यवस्था थी। पर 'आर्य संविधान-सभा' तो इन ब्रिटिश प्रावधानों को, जिन्हें आदिवासी समुदायों ने शहादतों से भरे युद्धों के बाद हासिल किया था, किसी भी कीमत पर बनाये रखने को तैयार नहीं थी। वल्लभभाई पटेल के लिए यह ''क्षुद्रता से भरा हुआ भाव'' (18 जुलाई 1947) था, तो जवाहरलाल नेहरू के मुताबिक आदिवासियों के अधिकारों का इनसे कोई संबंध ही नहीं था- ''मेरी समझ में यह नहीं आता कि उसका मौलिक अधिकार से क्या सम्बन्ध है?'' (30 अप्रैल 1947) वहीं बी. आर. अंबेडकर की राय थी- ''जब हम पांचवीं और छठी अनुसूची पर वाद-विवाद करें उस समय इस प्रश्न का उठाया जाना उचित'' होगा (2 दिसंबर 1948)।

संविधान-सभा के 'माननीय' सदस्यों ने अपने हितों की रक्षा वाले संविधान को बनाने में सभी तरह के 'छल-प्रपंच', 'झूठ' और धोखाधड़ी का सहारा लिया। जैसे, आज क्या प्रस्ताव पेश करना है और उस प्रस्ताव में क्या होगा वह सदन से 'बाहर' ही 'कुछ लोग' तय कर लेते थे। यहां तक कि नियमानुसार किसी भी प्रस्ताव को सदन में रखने से कम से कम सप्ताह-दस दिन पहले उसकी प्रति सदस्यों को उपलब्ध करानी अनिवार्य थी। पर आदिवासी एवं अल्पसंख्यक मुसलमानों से जुड़े प्रावधानों के संबंध में अक्सर ऐसा नहीं किया गया। मद्रास के हाजी अब्दुल सत्तार हाजी इशहाक सेठ ने तो इस पर 14 जुलाई 1947 को सदन में कह ही दिया, ''मैं सभा का ध्यान इस बात की ओर आकर्षित करना चाहता हूं कि इस महत्वपूर्ण संशोधन को सदस्यों में नहीं घुमाया गया है।'' अध्यक्ष के पास इसका कोई जवाब नहीं था। हमेशा की तरह ''मैं आपसे पूर्णतः सहमत हूं कि महत्वपूर्ण संशोधन की ठीक समय पर सूचना दी जानी चाहिये जिससे कि सदस्यों को अध्ययन करने का अवसर मिल जाये'' कहकर बात टाल दी।

यह हमलोगों को समझना होगा कि जयपाल उस संविधान-सभा में बिल्कुल अकेले थे जहां वैसे 300 लोगों का 'एकतरफा राज' था जो 'राज' करने वाले परिवारों और समाज से आते थे। जो अपनी हिंदू परंपरा के 'साम, दाम दंड, भेद' की नीति के परंपरागत 'चैंपियन' थे। झूठ का मनभावन शब्दजाल बुनने में जो पूरी तरह से पारंगत थे। पर

वे 'स्वतंत्रता की नई लहर' और बदली हुई परिस्थितियों के कारण कुछ 'कॉलोनियल रिबेट' जारी रखने पर मजबूर थे। जिसे लाने का श्रेय पूरी तरह से ब्रिटिश शासकों व ईसाई मिशनरियों को था। मसलन शिक्षा तक सभी सामाजिक वर्गों की पहुंच, ज्ञान-विज्ञान, औद्योगिकरण, स्त्री, दलित, आदिवासी, अन्य वंचित वर्गों के अधिकार, समाज-सुधार आदि। तब भी आर्य महारथियों की कोशिश थी कि वे अंग्रेजों द्वारा बनाए गए 'आधुनिक कानूनों' को अपदस्थ कर सकें। क्योंकि ब्रिटिश कानूनी प्रावधान 'मनुवादी और मुस्लिम पर्सनल कानूनों' का बहुत हद तक नकार करते थे।

उनकी सबसे बड़ी चिंता इस बात से थी ब्रिटिश शासन आदिवासियों को उनसे बिल्कुल अलग मानता था और उन पर वे कानून प्रभावी नहीं थे जो समूचे ब्रिटिश इंडिया पर सामान्य तौर से लागू होते थे। मोटे तौर पर भारत के आदिवासी इलाके 'सामान्य भारतीय कानून' की परिधि से बाहर थे। इसे इतिहास का कोई भी विद्यार्थी जानता है। इसलिए यहां इस पर विस्तार से बात करना जरूरी नहीं प्रतीत होता। पूर्णतः अपवर्जित और आंशिक रूप से अपवर्जित आदिवासी क्षेत्र जो नये भारतीय संविधान में 5वीं और 6ठी अनुसूची के नाम से 'नख-दंत' उखाड़कर सम्मिलित किए गए वह इस तथ्य को समझने के लिए काफी है।

संविधान-सभा की बहसों में उन विचार-विमर्शों को देखना सबसे महत्त्वपूर्ण हैं जो मौलिक अधिकारों और 5वीं तथा 6ठी अनुसूची से जुड़े हैं। इनमें सबसे पहला है 1 दिसंबर 1948 को बी. आर. अंबेडकर द्वारा पेश किया गया वह प्रस्ताव जिसने भारतीय संविधान से 'आदिवासी' पहचान छीन ली। उस दिन जब जयपाल सदन में नहीं थे तो अंबेडकर ने प्रस्ताव पेश किया कि, ''अनुच्छेद 13 के खण्ड (5) में 'aboriginal' (आदिवासी) शब्द के स्थान में 'scheduled' (अनुसूचित) शब्द रखा जाये।''

यह प्रस्ताव उन्होंने क्यों पेश किया इस पर उनकी टिप्पणी है- ''जब मसौदा-समिति मूलाधिकारों के प्रश्न पर विचार कर रही थी तो उस समय वन-जातियों के क्षेत्रों के सम्बन्ध में जो समिति नियुक्त की गई थी उसने अपना प्रतिवेदन उपस्थित नहीं किया था और इसलिये

मसौदा बनाते समय हमें 'आदिवासी' शब्द रखना पड़ा। बाद को हमने देखा कि वनजातियों के क्षेत्र-सम्बन्धी समिति ने भी 'अनुसूचित जातियां' शब्द प्रयोग किये थे और इसलिये इस विधान से जो अनुसूचियां संलग्न हैं उनमें हमने 'अनुसूचित जातियां' शब्द प्रयोग किये हैं। भाषा की एकरूपता की दृष्टि से 'आदिवासी' शब्द के स्थान में 'अनुसूचित' शब्द रखना आवश्यक है।

दूसरे दिन, 2 दिसंबर 1948 को सदन में जयपाल ने आते ही अंबेडकर पर सवाल दागा। उन्होंने कहा- ''मैं चाहूंगा कि डॉक्टर अम्बेडकर उन पर प्रकाश डालें। पहली बात जिसको मैं उनके द्वारा स्पष्ट कराना चाहता हूं वह संशोधन सख्या 491 के सम्बन्ध में है जिसको उन्होंने पेश किया है और जिसमें वे ''आदिवासी'' शब्द के स्थान में ''अनुसूचित'' शब्द रखना चाहते हैं। श्रीमान्, जब कभी भी ऐसी अवस्था में आदिवासियों पर प्रभाव डालने वाली किसी भी बात पर मुझे वाद-विवाद करना पड़ा है उस समय हमारा अहित ही हुआ है। इसका स्पष्ट कारण यह है कि वनजाति सम्बन्धी उप-समितियों की दो रिपोर्टों पर इस सभा में पूर्णरूप से वाद-विवाद नहीं हो पाया है, जिसका फल यह हुआ कि सभा अपना सामूहिक दृष्टिबिन्दु न बना सकी अथवा किसी सामूहिक निर्णय तक न पहुंच सकी जैसा कि अन्य समस्त अनुच्छेदों के सम्बन्ध में हुआ है; अर्थात् उन अनुच्छेदों के सम्बन्ध में जो हमारे देश के गैर-वनजाति लोगों पर प्रभाव डालते हैं। इस शब्द ''वनजाति सम्बन्धी'' के प्रश्न को ही लीजिये। जहां तक मुझे विदित है किसी भी उप-समिति ने अनुसूची बनाने के कार्य को नहीं किया। मुझे यह भली प्रकार विदित है कि जिस उप-समिति का मैं सदस्य था उसने इस प्रकार का कोई भी कार्य नहीं किया और सच तो यह है कि स्वयं मसौदा-समिति ने ही विधान के मसौदे में जो कुछ भी भारतीय सरकार-एक्ट में मिला उसे रख दिया।''

इसी के साथ उन्होंने एक और महत्त्वपूर्ण सवाल उठाया और उस पर अंबेडकर की राय जाननी चाही। वह सवाल था उन आदिवासियों का जो प्रस्तावित अनुसूचित क्षेत्रों से बाहर थे। जैसे, असम सहित पूर्वोत्तर, अंडामन आदि अन्य इलाकों में ले जाए गए आदिवासी, जो वहां के मूल आदिवासी नहीं थे। जयपाल ने बहुत पीड़ा के साथ कहा-

''दूसरी बात जिसके बारे में मैं स्पष्टीकरण कराना चाहता हूं वह यह है कि दोनों उप-समितियों की सिफारिशों में जिन परामर्शदात्री परिषदों और प्रादेशिक परिषदों का जिक्र है क्या वे तथाकथित अनुसूचित क्षेत्रों के बाहर भी कार्य करेंगी। यदि उनसे बाहर कार्य करने में वे समर्थ न होंगी तो मैं डॉक्टर अम्बेडकर से यह जानना चाहूंगा कि उन आदिवासियों के सम्बन्ध में क्या होगा जो उन अनुसूचित क्षेत्रों से बाहर करोड़ों की संख्या में हैं।''

उनका तीसरा सवाल भारतीय रियासतों के बीच रह रहे आदिवासी आबादी को लेकर था। जयपाल ने अंबेडकर से स्पष्टीकरण मांगा- ''वर्तमान स्थिति यह है कि लगभग 24 रियासतों को उड़ीसा में मिला दिया गया है और अनेकों अन्य रियासतों को मध्यप्रान्त में मिला दिया गया है। इनमें से बहुत-सी रियासतों में आदिवासी बड़ी-बड़ी संख्याओं में हैं। उनके सम्बन्ध में क्या होगा? जिन-जिन अनुसूचित क्षेत्रों की उप-समिति ने सिफारिश की है वह वास्तव में तुच्छ है। उसमें समस्त आदिवासियों की जनसंख्या नहीं आती है, विशेषकर मध्यप्रान्त और उड़ीसा के दोनों प्रान्तों की।...डॉक्टर अम्बेडकर मुझे यह स्पष्ट बतायें कि जो कुछ प्रावधान, जो कुछ रियायतें वे इस विधान में रखना चाहते हैं वे उन क्षेत्रों में भी लागू होंगी या नहीं जिनका अनुसूचित क्षेत्रों के अन्तर्गत विशेष कर उल्लेख नहीं किया गया है।''

अंबेडकर ने क्या जवाब दिया? स्वयं उनके ही शब्दों में- ''मेरे मित्र श्री जयपालसिंह ने आदिवासियों के सम्बन्ध में मुझ से कुछ प्रश्न किये हैं। मेरे विचार से जब हम पांचवीं और छठी अनुसूची पर वाद-विवाद करें उस समय इस प्रश्न का उठाया जाना उचित होगा'' (*जो मौका मिला ही नहीं*)। आगे उन्होंने कहा- ''अनुसूचित वनजातियों के प्रश्न पर यह पूछा जा सकता है कि मैंने ''आदिवासी'' के स्थान में ''अनुसूचित'' शब्द क्यों रखा। इस बात पर मेरा उत्तर यह है। जैसा कि मैंने कहा है ''अनुसूचित वनजाति'' शब्द का एक निश्चित अर्थ है क्योंकि वह वनजातियों को क्रमबद्ध करता है जैसा कि आप दोनों अनुच्छेदों में पायेंगे। ''आदिवासी'' शब्द वास्तव में एक सामान्य शब्द है जिसका कोई विशिष्ट कानूनी अर्थ नहीं है। यह कुछ-कुछ अछूत शब्द के समान है। इसका कोई निश्चित कानूनी अर्थ नहीं है। ...यदि यह

विषय न्यायालय में प्रस्तुत होगा तो उसके लिये आदिवासी कौन हैं, इसकी ठीक-ठीक परिभाषा होना आवश्यक है, इसलिये यह निश्चित किया गया कि एक और श्रेणी अथवा पदावली ''अनुसूचित वनजाति'' के नाम से निर्मित की जाये और उस शीर्षक के अन्तर्गत आदिवासियों को रखा जाये।''

''उन्होंने एक और प्रश्न मुझसे पूछा है और वह यह है। मान लीजिये कि अनुसूचित क्षेत्र निवासी कोई अनुसूचित वनजाति का सदस्य अथवा वनजाति क्षेत्र निवासी कोई अनुसूचित वनजाति का सदस्य भारत के किसी अन्य भाग में, जो कि अनुसूचित तथा वनजाति दोनों क्षेत्रों से बाहर है, निवास करने जाता है तो क्या वह उस स्थानीय सरकार से, जिसके अधिकार-क्षेत्र में वह निवास करता है, उन्हीं विशेष अधिकारों की मांग कर सकेगा जिनके प्राप्त करने का अधिकार उसे तब होता है जब वह अनुसूचित क्षेत्र अथवा वनजाति क्षेत्र में निवास करता है, इस प्रश्न का उत्तर देना मेरे लिये कठिन है।... परन्तु जहां तक वर्तमान विधान का प्रश्न है, अनुसूचित वनजाति का कोई सदस्य यदि वह अनुसूचित क्षेत्र अथवा वनजाति क्षेत्र से पृथक् हो जाता है तो उसे वे विशेषाधिकार नहीं मिलेंगे जिनका वह अनुसूचित क्षेत्र अथवा वनजाति क्षेत्र में रहते हुये अधिकारी हैं।'' (डॉ. अंबेडकर का पूरा जवाब पृ. 146 पर देखें)

शेष सवालों पर माननीय अंबेडकर ने कोई उत्तर नहीं दिया। जयपाल ने भी उनसे या सदन से फिर कोई 'अपील' नहीं की। क्योंकि उन्हें पता था 'सबकुछ तय' है और सारे लोग आदिवासियों के खिलाफ एकजुट हैं। वे देख रहे थे कि नागा लोगों ने जब खुद को 'स्वतंत्र' घोषित कर दिया तो कैसे भारतीय सेना वहां कत्लेआम मचाये हुए थी। नागा लोगों को और सदन को भी समझाते हुए उन्होंने कोशिश की कि सेना का दमन रुके। पर न नागा माने, न ही सदन और सरकार ने उनकी सुनी। वे नहीं चाहते थे कि पूर्वोत्तर जैसा ही शेष भारतीय आदिवासियों का हश्र हो। वे समझ गए थे कि सत्ता के दंभ में आर्य घुसपैठियों के वंशज पूरी तरह से 'आदमखोर' हो चुके हैं।

इन सब परिस्थितियों के बीच जयपाल सिंह मुंडा लगातार तीन सालों तक 'महाभारत के अभिमन्यु' की तरह विरोधियों से जूझते रहे।

उन्होंने आर्य विरोधियों द्वारा बनाए गए चक्रव्यूह को भेदने का हरसंभव प्रयास किया, जिसे उन्होंने अभिमन्यु की तरह मां के पेट में नहीं सीखा था, बल्कि उसे अपने पुरखों की विरासत 'आदिवासियत' से सीखा था। और जब उन्हें यह लग गया कि कि 15 अगस्त को 'स्वतंत्र' घोषित किये जाने वाले भारतीय 'राष्ट्र' में आदिवासियों को कुछ खास नहीं मिलने जा रहा, न ही भारत देश कोई सच्चा जनतांत्रिक देश बनने जा रहा है, तो 17 जुलाई 1947 को उन्होंने कहा- ''श्रीमान्, मुझे आश्चर्य होता है कि आखिर हमारे विधान-विशेषज्ञों की क्या इच्छा है? एक साध ारण मनुष्य की तरह मैंने यह समझने की कोशिश की कि क्या वे कम से कम इस बीच के समय के लिये एक ऐसा विधान बना रहे हैं जो प्रजातंत्रात्मक हो। इस समय तक मुझे इसका विश्वास नहीं हुआ। कम से कम ऐसी भाषा का प्रयोग हुआ है कि मुझे इसका विश्वास नहीं हो सका है कि इस प्रजातंत्र का ढंग प्रजातंत्रात्मक है।''

आदिवासियत का उपेक्षित भारतीय नायक

बिरसा मुंडा के शहीद होने के दो साल बाद 1903 में उसी मुंडा आदिवासी क्षेत्र के खूंटी जिला स्थित एक गांव 'टकरा पहान टोली' में जहां बाहरी ब्रिटिश राज के खिलाफ उलगुलान की आग बुझी नहीं थी, धधक रही थी, जयपाल सिंह मुंडा का जन्म हुआ था। वह मुंडा इलाका आज भी वैसा ही लड़ाकू है। लेकिन अब उस गांव में कुछ भी ऐसा नहीं बचा है, जिससे कोई यह जान सके कि ये उसी शख्स का गांव है जिसे लोग आदिवासियों का मरङ गोमके कहते हैं। जयपाल सिंह मुंडा आज देश ही नहीं बल्कि झारखंडी समाज, इतिहास और राजनीति सभी से विस्मृत कर दिए गए हैं।

ऑक्सफोर्ड में रहते हुए मरङ गोमके की दुनिया केवल किताबी नहीं थी। वे खिलाड़ी थे, कुशल वक्त और लोकप्रिय संगठक थे। उनकी ज्ञान की दुनिया उस सामाजिक और राजनीतिक हलचल से निर्मित हुई थी, जिसका केन्द्र यूरोप था। समूचा विश्व जिसकी कॉलोनी थी। राजनीतिक-आर्थिक दुनिया में विविध समाजों को जो अपने ढंग से हांक रहा था और विरोध कर रही जनता को बेरहमी से कुचल रहा था। अपने ही देश के उन नागरिकों को, जिनकी मेहनत पर ब्रिटिश साम्राज्य

की नींव खड़ी थी, नागरिकता देने से इनकार कर रहा था। आर्यों की तरह ही ब्रिटेन का गोरा समाज जिनसे घृणा करता था और इंसान कहने की बजाय उन्हें 'कलर्ड' कह कर पुकारता था। इतिहास, भाषा-साहित्य, संस्कृति, ज्ञान-विज्ञान और कला-कौशल को जो अपने मुनाफे और आर्थिक समृद्धि के लिए यूरोपीय ढांचे में समाहित व उनका अनुकूलन करते जा रहा था। अर्थशास्त्र का विद्यार्थी होने के नाते जयपाल सिंह मुंडा की इन सब राजनीतिक उठापटक, छीनाझपटी पर गहरी नजर थी।

उनकी यह गहरी और पैनी नजर हमें उनके बाद के जीवन में बहुत ही प्रखरता के साथ दिखाई पड़ती है। जब वे खिलाड़ी से शिक्षक, शिक्षक से प्रशासक और प्रशासक से राजनीतिज्ञ बनते हैं। हर दौर में वे अपनी मेधा से एक ऐसी लकीर खींच जाते हैं, जिसे छोटा कर पाने का कारनामा आज तक कोई नहीं कर सका है। चाहे वह खेल का मैदान हो या राजनीति का। पचास के दशक में अपने अद्भुत सांगठनिक कौशल से उन्होंने आदिवासी सभा को 'अखिल भारतीय आदिवासी महासभा' में बदल दिया। स्वतंत्रता की ओर बढ़ते भारत के नए लोकतांत्रिक समाज में आदिवासियों की हक और भागीदारी के लिए राजनीतिक दल 'झारखंड पार्टी' बनायी। संविधान सभा में बहुत ही तार्किकता और बुलंदी के साथ देश के आदिवासियों की इच्छा को राजनैतिक स्वर दिया। आदिवासी भाषा, संस्कृति और पुरखा स्वशासन व्यवस्था का पारंपरिक हक संविधान में शामिल हो, इसकी पुरजोर वकालत की। अलग झारखंड राज्य की मांग को भारतीय राजनीतिक में स्थापित किया। धर्म के नाम पर आदिवासियों को बांटने की हर कोशिश को मुंहतोड़ जवाब दिया और नये भारत के राजनैतिक परिदृश्य में सभी आदिवासी समूहों को कबीलेपन से बाहर निकाल कर उन्हें आदिवासियत के एक विचार के रूप में संगठित किया। उन्होंने बार-बार कहा, 'आदिवासी लोग दुनिया के सबसे गणतांत्रिक समुदाय हैं। उनसे नए बनते भारत और भारतीय समाज को लोकतंत्र सीखना होगा।' वे चाहते थे कि जिस प्रकार आदिवासियत की सोच में धार्मिक, सांप्रदायिक, जातीय और लिंगगत भेद नहीं है। वैसा ही विचार संविधान, यहां की राजनीतिक पार्टियों और देश के लोगों में होना चाहिए।

पचास के दशक में वे एकमात्र ऐसे राजनीतिक स्वप्नद्रष्टा हैं

जो देश में 'आरक्षण' की बजाय शिक्षा, स्वास्थ्य और रोजगार जैसी बुनियादी जरूरतों पर जोर दे रहे थे। देश के आदिवासियों, दलितों, पिछड़ों और स्त्रियों के लिए 'जीने के समान अवसर' की वकालत कर रहे थे। वे मानते थे कि नये भारत में अवसर की समानता पर बल देना चाहिए और संविधान को बगैर कोई भेदभाव के प्रत्येक नागरिक के समग्र उन्नति की गारंटी करनी चाहिए । हमें ऐसा प्रशासन तंत्र और कार्यप्रणाली विकसित करना चाहिए जिसमें स्त्री, आदिवासी और जाति विरोधी राजनीति व समाज के लिए कोई जगह नहीं रह जाए। परंतु गांधी-नेहरू, जिन्ना और अंबेडकर सहित पूरी संविधान सभा ने उनके प्रस्ताव को अनसुना कर दिया। देश को दो टुकड़ों में बांट दिया और समूचे भारत को नस्लीय, लैंगिक, जातीय व धार्मिक हिंसा की आग में झोंक दिया। जिसमें वह आज तक जल रहा है।

यह जयपाल के आदिवासियत की राजनीति की ही उपलब्धि है कि देश का आदिवासी समुदाय आज भी अपनी स्वशासन व्यवस्था और सहजीवी विचार-दर्शन छोड़ने के लिए तैयार नहीं है। इस देश में 'आदिवासी' अपनी अलग पहचान रखते हैं। संविधान की पांचवीं और छठी अनुसूची, ट्राइबल एडवाइजरी काउंसिल (टीएसी) और आदिवासी मंत्रालय उनकी ही देन है। हालांकि ये संवैधानिक प्रावधान उसी रूप में नहीं लागू हुए जैसा वे चाहते थे। यही वजह है कि पांचवीं-छठी अनुसूची और टीएसी के होते हुए भी भारत के आदिवासियों को अपने पुरखा हक-हकूक - जल, जंगल, जमीन - के लिए लड़ना पड़ रहा है। उनके मूल प्रस्ताव में टीएसी एक प्रभावशाली आदिवासी राजनीतिक संस्था थी जिसके अधिकारों को संकुचित करके उसे सिर्फ राष्ट्रपति और राज्यपाल का 'झुनझुना' बना दिया गया।

जयपाल निःसंदेह बीसवीं सदी के उन स्वप्नद्रष्टाओं में से एक हैं, जिनके जोड़ का कोई दूसरा नहीं हुआ। उन्होंने देश के लिए आईसीएस का त्याग किया। रंगभेद के कारण प्रिय खेल हॉकी छोड़ी। झारखंड और आदिवासी आंदोलन के लिए अपने प्रेम को कुर्बान किया। बच्चों सहित पत्नी तारा का परित्याग किया। कोई व्यक्तिगत संपत्ति नहीं अर्जित की। कभी भ्रष्टाचार या अन्य गंभीर आरोप में नहीं फंसे। ऐसा दृष्टांत भारत के और किसी राजनेता के जीवन में नहीं मिलता।

जयपाल पर कांग्रेस के हाथ झारखंड बेच देने का आरोप है जो वास्तव में 'झारखंड' राज्य की प्राप्ति के लिए किया गया एक राजनीतिक समझौता था। वह कोई ऐसी 'डील' नहीं थी जिससे उनको कोई आर्थिक या दूसरा लाभ मिलनेवाला था। दुनिया में ऐसे कई असफल-सफल राजनीतिक समझौते राजनीतिज्ञों ने किए हैं। इसके लिए उन राजनीतिज्ञों को किसी ने इतिहास से पूरी तरह से बिसरा नहीं दिया। पर जयपाल ने 'झारखंड' के लिए जो समझौता किया उसमें वे न सिर्फ तत्कालीन सत्ता से 'ठगे' गए बल्कि राजनीतिक विश्वासघात का शिकार भी बने। इस तरह जो 'आर्य सत्ता' उनसे लड़ाई में सीधे नहीं जीत पा रही थी, उसने छल-प्रपंच का सहारा लेते हुए उन्हें बदनाम करने में कोई कसर नहीं छोड़ी। 'जयपाल ने झारखंड बेच दिया' के झूठ को हजारों मुंह से कहकर उसे 'सच की तरह स्थापित किया' और उन्हें उनके अपने ही घर (झारखंड और भारत) से बेदखल करने में कामयाब रहा।

हालांकि इसके बावजूद देश में 'आदिवासियत', आदिवासी अधिकार और झारखंड के अस्तित्व की कल्पना उनको छोड़कर नहीं की जा सकती। उन्होंने बहुत कर्मठता से संविधान-सभा के भीतर और बाहर, तीन दशकों से ज्यादा समय तक लड़ाई लड़ी। वे एक सच्चे आदिवासी और आदिवासी विश्वदर्शन 'आदिवासियत' के सबसे मुखर और ईमानदार प्रवक्ता हैं। उनके जैसा स्वप्नद्रष्टा आदिवासी लेखक, पत्रकार, खिलाड़ी, कुशल संगठक, वैचारिक सिद्धांतकार और राजनैतिक अगुआ भारत में कोई दूसरा नहीं हुआ।

अंत में जोहार

हमने इस संकलन में 'सरकारी अनुवाद' को ज्यों का त्यों रखा है। उसमें किसी प्रकार का कोई फेरबदल बिल्कुल नहीं किया है। सिर्फ शीर्षक हमने दिया है। हालांकि सरकारी अनुवाद में ईमानदार नहीं बरती गई है जिससे कई जगह वक्ताओं के आशय समझने में मुश्किल होती है और कई जगहों पर उनके आशय में भी परिवर्तन हो जाता है। तब भी मन को मारते हुए हमने 'सरकारी अनुवाद' को पूर्णतः रखने का फैसला किया। क्योंकि जैसे ही आदिवासी समुदाय, जयपाल और

आदिवासियत की बात होती है लोग अनुवाद के संदर्भ में 'ब्रह्मास्त्र' लेकर पीछे पड़ जाते हैं। जैसा 'मरङ गोमके जयपाल सिंह मुंडा' की जीवनी और जयपाल के चुनिंदा भाषणों और लेखों के संग्रह 'आदिवासियत' के प्रकाशन के बाद हमारा अनुभव रहा है। अपने-अपने मसीहाओं के अंधभकतों का आरोप होता है कि हमने गलत अनुवाद पेश किया है या उसे तोड़-मरोड़कर प्रस्तुत किया है। जबकि वास्तविकता यही है कि आदिवासियों के संदर्भ में इतिहास अथवा संविधान-सभा में जो भी दर्ज है उस ऐतिहासिक सच्चाई और तथ्यों को झुठलाने तथा उनका समुचित तर्कसंगत जवाब दे पाने में वे स्वयं को अक्षम पाते हैं। यह सिर्फ भारतीय आदिवासियों के संदर्भ में ही नहीं वरन् दुनिया के समस्त आदिवासी समुदायों के संदर्भ में सटीक है। क्योंकि आदिवासी समुदाय के खिलाफ किए गए और आज भी किए जा रहे अपराधों के लिए समूचा विश्व निरुत्तर है।

हम किसी 'राष्ट्रीय' नायक के खिलाफ नहीं हैं। हम तो बस जयपाल के शब्दों में 'आदिवासियों के लिए वही समान अधिकार, अवसर और सम्मान' चाहते हैं जो किसी भी भारतीय नागरिक को प्राप्त हैं। हमारे अगुआ मरङ गोमके जयपाल सिंह मुंडा ने कहा कि आदिवासियों को कोई लोकतंत्र नहीं सिखा सकता। क्योंकि उन्होंने लोकतंत्र की नींव डाली और वे दुनिया में सबसे लोकतांत्रिक लोग हैं। इसलिए हम किसी से भीख नहीं मांगते। आदिवासियों को अल्पसंख्यक या दलितों की तरह न समझा जाए। वे इस भारतभूमि के निर्माता और वास्तविक मालिक हैं। उन्हें तो उनके पुरखों के बनाए-बताए 'आदिवासियत' के अनुसार जीने दीजिए।

'संविधान-सभा में जयपाल' देश के उस आदिवासी व्यक्तित्व और विचार से परिचित करा सके तथा उनके बारे में नस्लीय आर्य सत्ता द्वारा फैलाए गए धूल-गर्द को साफ करने में मदद कर सके तो श्रम सार्थक होगा।

अश्विनी कुमार पंकज

विश्व आदिवासी दिवस, 9 अगस्त 2020

कतार

परिशिष्ट

संविधान-सभा की बहस में
जयपाल सिंह मुंडा

1946 से 1949

हम भारत के असली मालिक हैं

सभापति महोदय, मैं आपको धन्यवाद देता हूं कि आपने छोटा नागपुर के आदिवासियों के प्रतिनिधि की हैसियत से मुझे अपना विचार व्यक्त करने का अवसर दिया। मैं डॉ. राजेन्द्र प्रसाद को बधाई देने के लिए कुछ शब्द कहना चाहता हूं, खासकर अपने उस समुदाय की ओर से जिसका मैं प्रतिनिधित्व करता हूं। जहां तक मैं समझता हूं केवल हम पांच आदिवासी ही इस सदन में हैं। लेकिन हमारी संख्या लाखों और करोड़ों में है और हम भारत के असली मालिक हैं। 'क्विट इंडिया' (भारत छोड़ो) पर बात करने का फैशन तो अभी हाल ही में प्रचलित हुआ है पर मेरी दृढ़ धारणा है कि भारत के मूल आदिवासियों के वास्तविक पुनर्वास और पहले की तरह स्थिरता में आने का यह केवल पहला चरण है। पहले अंग्रेजों को भारत छोड़ने दीजिए, फिर बाद में आये हुए सभी 'बाहरी' लोगों को भी यहां से जाना होगा। तब सिर्फ यहां मूल निवासी रह जायेंगे। हमें सचमुच में बहुत खुशी है कि इस विधान परिषद् के स्थायी अध्यक्ष के रूप में हमें डॉ. राजेन्द्र प्रसाद मिले हैं। चूंकि डॉ. राजेन्द्र प्रसाद उसी प्रान्त के हैं जिसके दक्षिणी भाग में आदिवासियों का एक बड़ा इलाका है, एक बड़ी आबादी है जैसी कि भारत भर में और कहीं नहीं है। इसलिए हमें विश्वास है कि जब हम अपने मामलों को पेश करेंगे तो शायद उसकी सुनवाई में वे हमारे साथ पूरी सहानुभूति रखेंगे। मैं उनकी योग्यता के बारे में कुछ नहीं कहना चाहता क्योंकि उनके बारे में पहले से ही सबको बहुत अच्छी तरह से पता है। इसलिए मैं इसी आशा के साथ अपनी बात खत्म करूंगा कि जब डॉ. राजेन्द्र प्रसाद हमारे मामलों पर अपनी सहानुभूति देंगे, तो उनके साथ-साथ इस सदन का भी समर्थन आदिवासियों को मिलेगा; और यह सभा भी उनके साथ वैसा ही सहानुभूतिपूर्ण व्यवहार करेगी।

बुधवार, 11 दिसम्बर 1946

आदिवासी इस देश के प्रथम नागरिक हैं

श्रीमान् सभापति जी, मैं उन लाखों अज्ञात लोगों की ओर से बोलने के लिए यहां खड़ा हुआ हूं, जो सबसे महत्त्वपूर्ण लोग हैं, जो आजादी के अनजान लड़ाके हैं, जो भारत के मूल निवासी हैं और जिनको बैकवर्ड ट्राइब्स, प्रिमिटिव ट्राइब्स, क्रिमिनल ट्राइब्स और जाने क्या-क्या कहा जाता है। पर मुझे अपने जंगली होने पर गर्व है क्योंकि यह वही संबोधन है जिसके द्वारा हम लोग इस देश में जाने जाते हैं। हम जंगल के लोग आपके संकल्प को अच्छी तरह से समझते हैं। अपने ३ करोड़ आदिवासियों की ओर से मैं इस संकल्प का समर्थन करता हूं। इस भय से नहीं कि इसे भारत के राष्ट्रीय कांग्रेस के एक बड़े नेता ने प्रस्तावित किया है। हम इसका समर्थन इसलिए करते हैं क्योंकि यह देश के हर नागरिक की धड़कन और उनकी भावनाओं की अभिव्यक्ति करता है। इस संकल्प के एक भी शब्द के साथ हमारा कोई झगड़ा नहीं है। एक जंगली और एक आदिवासी होने के नाते संकल्प की जटिलताओं में हमारी कोई विशेष दिलचस्पी नहीं है। लेकिन हमारे समुदाय का कॉमन सेंस कहता है कि हममें से हर एक ने आजादी के लिए संघर्ष की राह पर एक साथ मार्च किया है। मैं सभा से कहना चाहूंगा कि अगर कोई देश में सबसे ज्यादा दुर्व्यवहार का शिकार हुआ है तो वह हमारे लोग हैं। पिछले छह हजार सालों से उनकी उपेक्षा हुई है और उनके साथ अपमानजनक व्यवहार किया गया है।

मैं जिस सिंधुघाटी सभ्यता का वंशज हूं, उसका इतिहास बताता है कि आप में से अधिकांश लोग, जो यहां बैठे हैं, बाहरी हैं, घुसपैठिए हैं। जिनके कारण हमारे लोगों को अपनी धरती छोड़कर जंगलों में जाना पड़ा। इसलिए यहां जो संकल्प पेश किया गया है वह आदिवासियों को 'लोकतंत्र' नहीं सिखाने जा रहा। आप सब आदिवासियों को लोकतंत्र सिखा ही नहीं सकते। बल्कि आपको ही उनसे लोकतंत्र सीखना है। आदिवासी पृथ्वी पर सबसे अधिक लोकतांत्रिक लोग हैं। हमारे लोगों की आकांक्षा वे अधिकाधिक सुरक्षाएं नहीं हैं, जिन्हें नेहरु

ने संकल्प में रखा है। आज उनकी जरूरत सरकार से सुरक्षा की है। हम कोई अतिरिक्त या विशेष सुरक्षा की मांग नहीं कर रहे हैं। हम बस यही चाहते हैं कि जो नागरिक बरताव सबके साथ हो, वही हमारे साथ भी हो। आदिवासियों को भी बराबर का नागरिक समझा जाए।

'हिंदूस्थान' हमारी समस्या है। पाकिस्तान समस्या है। आदिवासी भी समस्या हैं। अब अगर ऐसे में भिन्न-भिन्न दिशाओं में चिल्लाते हुए लोग एक-दूसरे से भिड़ने लगें, एक-दूसरे से अलग-अलग भावनाएं रखने लगें, तो हम सभी खत्म हो जाएंगे और यह देश कब्रस्थान बन कर रह जाएगा। पंडित नेहरू के शब्दों पर विश्वास करते हुए भी मैं कहूंगा कि हमारे लोगों का पूरा इतिहास गैर-आदिवासियों के अंतहीन उत्पीड़न और बेदखली को रोकने के लिए किए गए विद्रोहों का इतिहास है। मैं आप सब के कहे हुए पर भी विश्वास कर रहा हूं कि हम लोग एक नए अध्याय की शुरुआत करने जा रहे हैं, स्वतंत्र भारत के एक नए अध्याय की, जहां सभी समान होंगे, सबको बराबर का अवसर मिलेगा और एक भी नागरिक उपेक्षित नहीं होगा। हमारे समाज में जाति के लिए कोई जगह नहीं होगी। हम सभी बराबर होंगे। कैबिनेट मिशन की तरह किसी के साथ कोई उपेक्षा व अन्याय नहीं होगा, जैसा कि 3 करोड़ लोगों के साथ किया गया है। हमें उस राजनीतिक दृष्टिकोण पर विचार करना चाहिए कि क्यों इस संविधान सभा में सिर्फ 6 ही आदिवासी प्रतिनिधि मौजूद हैं। इसके कारण क्या हैं? संविधान सभा में भी आदिवासियों की बराबर की भागीदारी हो, इसके लिए राष्ट्रीय कांग्रेस ने क्या किया? क्या और आदिवासियों, वह भी केवल पुरुष नहीं बल्कि महिलाओं के भी, की सहभागिता के लिए कोई प्रावधान या नियम के बारे में सोचा जा रहा है? इस सभा में बैठे हुए सभी पुरुष हैं। श्रीमती विजयलक्ष्मी पंडित की तरह हमें यहां इस सभा में और महिलाएं चाहिए, जिन्होंने अमेरिका में नस्लवाद को पछाड़कर जीत हासिल की है। हमारे लोग आपके नस्लवाद से, हिंदुओं और उन जैसे बाहरी लोगों के नस्लवादी से पिछले छह हजार सालों से उत्पीड़ित हैं। उससे जूझ रहे हैं। हमारे आदिवासी लोग भी भारतीय हैं और उनका भी उतना ही इस देश से सरोकार है जितना किसी और का। इसलिए एडवाइजरी कमिटि में, जिसके लिए सदस्यों का चयन होना है, हमारे लोगों को भी जगह दी जानी चाहिए। क्योंकि

जब मैंने कैबिनेट मिशन को जो पहला मेमोरेंडम दिया था, उसके 20वें सेक्शन की भाषा इस प्रकार थी -

> 'The Advisory Committee on the rights of citizens, minorities and tribal and excluded areas should contain full representation (mark you 'should contain full representation') of the interests affected ...'

लेकिन, जब मुझे कमांड पेपर 6821 मिला जिसमें इसे फिर से छापा गया था, तो इसकी भाषा बदली हुई थी। अब इसे ऐसे लिखा गया है -

> 'The Advisory Committee on the rights of citizens, minorities and tribal and excluded areas will contain due representation.'

मेरा विचार है कि शब्दों की ऐसी बाजीगरी और कुछ नहीं हमारे साथ धोखा है। मुझे वे सारे भाषण और संकल्प याद आ रहे हैं जिनमें आदिवासियों के साथ सम्मानजनक व्यवहार की बातें की जाती रही हैं। यदि इतिहास ने हमें कोई सबक दिया है तो वह मुझे संकल्प के प्रति अविश्वासी बना रहा है। पर मैं ऐसा नहीं करने जा रहा हूं। हम सभी एक नए पथ की ओर अग्रसर हैं। यह बहुत ही सामान्य अपेक्षा है कि हम एक-दूसरे पर विश्वास करना सीखें। और मैं उन दोस्तों से, जो आज उपस्थित नहीं हैं, कहना चाहूंगा कि वे आएं और कहें कि हम सभी को एक-दूसरे पर विश्वास है। निश्चित रूप से यह समय हम सभी से पूर्ण विश्वास की मांग कर रहा है। एक-दूसरे पर विश्वास करने का एक नया माहौल हम सभी को मिल-जुलकर रचना होगा। सभा में 'पार्टीज' और 'माइनोरिटीज' को लेकर इतनी अधिक बहस हो गई है कि मेरा मन इससे खिन्न हो गया है। मैं हमारे आदिवासी समुदाय को माइनोरिटी नहीं मानता। सदन में वैसे भी सुबह से सुन चुका हूं कि आदिवासियों को वंचित वर्ग मानना चाहिए। अगर आप आदिवासियों को, जो इस देश के मूल निवासी हैं, उनके साथ भूमिहीन और सामाजिक रूप से बाहरी

जातियों को जोड़ना चाह रहे हैं, तो हम इसका विरोध करेंगे, क्योंकि आदिवासी माइनोरिटी या वंचित वर्ग कदापि नहीं हैं। किसी भी सूरत में हम आदिवासियों का हक-हकूक इस देश पर पहला है, जिसे खारिज करने का अधिकार किसी को नहीं है। मुझे इससे ज्यादा कुछ और नहीं कहना है। मैं पंडित नेहरु द्वारा पेश किए गए संकल्प से सहमत हूं और चाहूंगा कि सदन में उपस्थित सभी सदस्य शब्दों की जुगाली किए बिना इस बारे में न्यायपूर्वक विचार करें। क्योंकि सिर्फ शब्दों से उस संविधान की रचना संभव नहीं है जो हमें सच्ची आजादी की तरफ ले जानेवाला है। मौलाना अबुल कलाम आजाद ने रामगढ़ कांग्रेस में कहा था –

'कांग्रेस अपनी परिभाषाएं किसी पर भी नहीं थोपना चाहती है। अपने अधिकारों को हासिल करने के लिए किसी को भी बहुसंख्यकों पर निर्भर रहने की कोई जरूरत नहीं है।'

जानता हूं कि अल्पसंख्यकों, आदिवासियों की समस्याओं का समाधान आनेवाले दिनों में ही संभव है। यहां मैंने सिर्फ इशारा किया है जिसका समाधान राज्यों के साहसी पुनर्गठन से ही सम्भव हो सकेगा। रामगढ़ कांग्रेस की सदारत करते हुए आपने (डॉ. राजेन्द्र प्रसाद) कहा था –

'बिहार का यह भू-भाग जहां हम सब इकट्ठा हुए हैं और आज यह महान सम्मेलन हो रहा है, इसकी अपनी अनूठी विशेषताएं हैं। इसका सौंदर्य अतुलनीय है। इसका इतिहास भी अद्भुत है। इस इलाके में बड़ी संख्या में वे लोग बसे हुए हैं जिन्हें भारत के मूल निवासियों के रूप में माना जाता है। उनकी सभ्यता अन्य लोगों की सभ्यता से कई मामलों में अलग है। पुरातत्व और पुराने अवशेषों की खोज से पता चलता है कि यह सभ्यता बहुत प्राचीन है। आर्यों और अन्य लोगों से आदिवासि एक भिन्न प्रजाति के लोग हैं और ये भारत के दक्षिण-पूर्व तक के कई द्वीपों में फैले हुए हैं। इन इलाकों में उनकी प्राचीन संस्कृति काफी हद तक

संरक्षित है, जो शायद ही कहीं और हो।

इसलिए मैं फिर से दोहराऊंगा कि आप आदिवासियों को लोकतंत्र नहीं सिखा सकते। आर्यों की फौज लोकतंत्र को खत्म करने पर तुली है। पंडित जवाहरलाल नेहरु ने अपनी सद्यःप्रकाशित पुस्तक 'डिस्कवरी ऑफ इंडिया' में सिंधु घाटी सभ्यता के बारे में लिखा है- 'कई आदिवासी गणराज्य थे जिनमें से कइयों का बहुत बड़े क्षेत्र पर विस्तार था।'

आदिवासियों के वे गणराज्य अभी भी हैं, जो भारत की आजादी की लड़ाई में हिरावल दस्ता रहे हैं। मैं दिल से इस संकल्प का समर्थन करते हुए उम्मीद करता हूं कि जो सदन में मौजूद हैं, और जो बाहर हैं, वे सभी देश के आदिवासियों के विश्वास की रक्षा करेंगे। हम साथ लड़े हैं, साथ बैठे हैं और काम भी साथ करेंगे। सभी की सच्ची आजादी के लिए। (करतल ध्वनि)

बृहस्पतिवार, 19 दिसम्बर 1946

जब आप आदिवासियों के अधिकारों के लिये लड़ेंगे तो आपको एक आदिवासी की जरूरत होगी

मैं अपने मित्र श्री लाहिड़ी से प्रार्थना करता हूं कि वे अपने संशोधन वापस ले लें। मैं समझता हूं कि जाब्ते और नियमों की कमेटी ने जो काम किया है उसकी रिपोर्ट की एक नकल उनको मिली होगी। उसमें यह बताया जा चुका है कि कमेटियां जो काम भी करेंगी वह किसी न किसी समय इस सभा के सामने रखा जायेगा और सभा को इसकी स्वतंत्रता होगी कि वह उनकी सिपफारिशों को स्वीकार करे या न करे। ऐसी सूरत में श्री लाहिड़ी की बात पूरी हो जाती है।

अध्यक्ष महोदय, पिछड़े वर्ग का एक सदस्य होने के नाते मुझे नहीं पता है कि पिछड़े वर्गों और अनुसूचित जातियों के बीच में क्या अंतर है। जैसा इस समिति के पिछड़े वर्ग के एक सदस्य ने कहा है। जहां तक मेरा सवाल है, मैं इस प्रस्ताव के पेशकर्ता द्वारा सुझाए गए नामों के विवाद में नहीं पड़ना चाहता। ये सब जाने-माने लोग हैं और उन राज्यों से अच्छी तरह से परिचित हैं क्योंकि इनलोगों ने वहां काम किया है। लेकिन महोदय, मैं नम्रतापूर्वक कहूंगा कि मुझे नहीं लगता कि ये लोग पूर्वी राज्यों के बारे में बहुत कुछ जानकारी अथवा ज्ञान रखते हैं।

द इंडियन स्टेट पीपुल्स कॉन्फ्रेंस के लोगों का वास्ता आमतौर पर उत्तर भारतीय राज्यों से रहा है और कॉन्फ्रेंस के दौरान उसी से संबंधित मामले निपटाये गए हैं। दक्षिणी भारत और भारत के पश्चिमी व मध्यवर्ती राज्यों का मामला भी कुछ ऐसा ही है। उड़ीसा और बंगाल प्रदेश की एजेंसियों तथा नॉर्थ ईस्ट फ्रंटियर पर शायद ही कॉन्फ्रेंस का कोई ध्यान गया है। अब मैं जो तुरूप का पता चलने जा रहा हूं उसके लिए मैं सदन से माफी चाहूंगा क्योंकि शायद इससे कुछ झटका लग सकता है। ब्रिटिश पश्चिम अफ्रीका से लौटने के बाद पिछले 9 वर्षों में मैं भारत के प्रायः सभी आदिवासी क्षेत्रों में घूमा हूं। एक-एक आदिवासी इलाका गया हूं और इस दौरान 1,14,000 मील की यात्रा की

है। इससे मुझे यह अंदाजा है कि आदिवासियों की आवश्यकताएं क्या हैं और उनके लिए यह सदन क्या कर सकती है। भारत के भारतीय राज्य राजस्थान और देशी रियासतों में करोड़ों की जो आबादी है उनमें आदिवासियों की जनसंख्या 1.7 करोड़ है। 1.7 करोड़ आदिवासी!

महोदय, इतनी बड़ी आबादी को ध्यान में रखकर मैं यह सुझाव देना चाहूंगा कि इस समिति में एक आदिवासी को जरूर शामिल किया जाए। मुझे लगता है कि वह समिति के लिए मददगार साबित होंगे। मैं समिति के काम में बाधा नहीं डाल रहा हूं, लेकिन मैं चाहता हूं कि आदिवासियों के मुद्दों पर लड़ने के लिए इसमें एक आदिवासी होना चाहिए। जब आप आदिवासियों के अधिकारों के लिये लड़ेंगे तो आपको एक आदिवासी की जरूरत होगी और वह निगोशियेटिंग कमेटी के साथ मिलकर लड़ाई लड़ेगा। श्रीमानू, मैं यह राय देता हूं कि इस प्रस्ताव के निर्माताओं और प्रस्तावक को कमेटी में एक आदिवासी शामिल कर लेना चाहिये। यदि आप समिति में एक और आदिवासी शामिल करते हैं, तो मैं कहूंगा- 'हां, अब हम सात' हैं।

शनिवार, 21 दिसम्बर 1946

संविधान सभा में
एक भी आदिवासी महिला क्यों नहीं है?

अध्यक्ष महाशय, अब चूंकि पं. गोविंद बल्लभ पंत जी के प्रस्ताव में नामों की सूची सम्मिलित हो चुकी है अतः मुझे कुछ शब्द आदिवासियों के दृष्टिकोण से कहना है। मैं पंत जी के फुसलाने वाले इशारे पर कड़ी अप्रसन्नता प्रकट करता हूं। उन्होंने कहा है कि आदिवासी क्षेत्र और अल्पसंख्यक समुदाय विदेशियों का मुंह ताकते हैं।

महोदय, हम अपने देशवासियों का मुंह ताकते हैं। हम अपने नेताओं की ओर देखते हैं कि वह हमारे साथ समुचित व्यवहार करें। हम विदेश नहीं गये हैं और न बातचीत चलाने लंदन गये हैं हम अपने अधिकारों की व्यवस्था के लिये मंत्रिमंडल मिशन के पास भी नहीं गये। हम केवल अपने देशवासियों की ओर देखते हैं कि वह हमसे समुचित और न्याययुक्त व्यवहार करें। गत छः हजार वर्षों से हमारे साथ अपमानजनक व्यवहार किया जा रहा है। छह हजार वर्ष से।

श्री किरणशंकर रायजी उस समय से जबसे आप जैसे गैर-आदिवासी इस देश में आये हैं। महोदय, प्रस्तावक तथा समर्थक ने यह प्रकट किया है कि इस सलाहकार-समिति (एडवाइजरी कमेटी) में तैयारी व विभाजन किस प्रकार किया गया है। आदिवासियों के लिए यह जीवन और मरण का सवाल है। मैं कांग्रेसी नेताओं को बधाई देता हूं और उन अल्पसंख्यकों को भी जो अपनी जनसंख्या के अनुपात से अधिक जगहें पा गये हैं। इस बात से इन्कार नहीं किया जा सकता कि सिक्खों, ईसाइयों, एंग्लो इंडियनों और पारसियों को उनके लिए प्राप्य से कहीं अधिक जगहें दी गई हैं। मैं उनसे ईर्ष्या नहीं करता, पर यह सच है कि उन्हें अधिक जगहें मिली हैं, जबकि हमारे लोगों को जो इस देश के असली और प्राचीन निवासी हैं स्थिति भिन्न ही है। फिर भी मैं असंतोष नहीं प्रकट करता। मेरे उद्देश्य के लिये तो केवल पंडित जी को रखना काफी है, पर वे सदस्य नहीं है। मैं इस देश के सभी आदिवासियों और कबीले वालों का हित पं. जवाहरलाल नेहरू के हाथों में सौंप दूंगा, और फिर

मुझे उपस्थित रहने की जरूरत भी नहीं है। मैं आप को विश्वास दिलाना चाहता हूं कि हम संख्या पर नहीं निर्भर करते। उस मत (वोट) की संख्या पर नहीं निर्भर करते जो यहां एडवाइजरी कमेटी (सलाहकार समिति) में दिये जायेंगे। हम तो मौन रहते आये हैं।

मैं कोई शिष्टमण्डल (डेपुटेशन) लेकर सरदार पटेल या अध्यक्ष जी, आपके पास नहीं गया, कि हमारे यह अधिकार, यह दावे और यह प्राप्त हैं मैं इसे इस हाउस और एडवाइजरी कमेटी की सद्बबुद्धि पर छोड़ता हूं, कि वह छः हजार वर्ष के कष्टों को अब दूर कर देंगे। दूसरी जगह जब एक बार मैंने कहा था कि हमारे भारतीय राष्ट्र के एक खास दल को प्रतिनिधि सभा में विशेष सुविधा मिल गई है तो उस दल ने नाराजगी जाहिर की थी। मैं आपसे कहता हूं कि मुझे इस बात की कोई चिन्ता नहीं है कि सिक्खों को एडवाइजरी कमेटी में या और कहीं 60 जगहें मिलती हैं। मैं तो उन्हें बधाई दूंगा।

मैं कांग्रेस को इस कथन पर धन्यवाद देता हूं कि अल्पसंख्यकों के प्रश्न को आवश्यकता से अधिक महत्त्व नहीं दिया जा सकता जैसा कि पं. गोविंद बल्लभ पन्त ने कहा है। पर जहां तक आदिवासियों का सम्बन्ध है क्या उसे आवश्यकता से अधिक महत्त्व दिया गया है? क्या यह ईमानदारी से कहा जा सकता है कि आप ने किसी भी रूप में उनकी स्थिति को आवश्यकता से अधिक महत्त्व दिया है? मैं और जगहें प्राप्त करने के लिए वकालत नहीं कर रहा हूं। मैंने कोई संशोधन भी नहीं भेजा है और न ही कोई संशोधन पेश कर रहा हूं, पर मैं इस सभा और देश का ध्यान यदि मैं ऐसा कह सकता हूं तो अपनी इस बात की ओर ध्यान दिलाना चाहता हूं कि यहां हमारी परीक्षा हो रही है। अब तक हम बड़ी आसानी से कह देते थे कि ब्रिटेन ने, केवल ब्रिटेन ने ही तुम्हें आंशिक वर्जित क्षेत्र और पूर्णतः वर्जित क्षेत्र में रख कर चिड़ियाघर में डाल रखा है। क्या आप उससे कोई अलग व्यवहार कर रहे हैं?

मैं यह सवाल करता हूं, मैं एडवाइजरी कमेटी से पूछता हूं कि मेरा नाम उसमें है, पर उसमें किसी आदिवासी स्त्री का नाम क्यों नहीं है? आदिवासी स्त्री को क्यों छोड़ दिया गया? एडवाइजरी कमेटी में कोई आदिवासी स्त्री नहीं है यह बात कमेटी के सदस्यों के चुनाव के लिए जिम्मेदार लोगों को सूझी ही नहीं। मैं नहीं कहता कि स्त्री का नाम चुना

जाये पर यह महत्त्व की बात है कि इस पर गम्भीरतापूर्वक विचार नहीं किया गया।

इसी प्रकार मैं यह भी कहता हूं कि तेरह या जितनी भी संख्या निश्चित की गई है, वह मुझे स्वीकार है। मैं और कुछ नहीं कहता, पर मैं उस अज्ञान को प्रकट कर देना चाहता हूं जो इस संख्या के सुझाव से प्रकट है या आदिवासी या कबीले वाले क्षेत्रों के सदस्यों की नामजदगी से प्रकट है। सारे देश के कबीले वालों का स्वभाव देखिये, मुझे उस गड़बड़ी से कोई झगड़ा नहीं है जो हर दसवें वर्ष मनुष्य-गणना के समय जनसंख्या की गिनती करते समय की जाती है, उसके अनुसार सबसे बाद की प्राप्त आदिवासियों और कबीले वालों की संख्या 254 लाख है। मैं इसे मंजूर करता हूं, इसमें हम देखते हैं कि आदिवासियों में सबसे अधिक संख्या मुन्डा बोलने वालों की है। अगर आप उनकी 1941 ई. की संख्या जोड़कर देखें तो वह 43 लाख पहुंचेगी। उसके बाद गोंडों की संख्या आती है। हमें एक गोंड प्रतिनिधि का प्रतिनिधित्व दिया गया है। मुझे इसकी खुशी है। इसके बाद भीलों का नम्बर आता है, जो 23 लाख हैं। इस कमेटी में कोई भील नहीं है। इस प्रकार उरांव 11 लाख हैं और इस कमेटी में एक भी उरांव नहीं है। अध्यक्ष जी अभी समय कीमती है। पं. जवाहरलाल नेहरू ने कहीं अन्यत्र कहा है कि जितने दिन जाते हैं प्रतिदिन 10000 रुपया खर्च होता है, मैं समझता हूं कि ढाई करोड़ आदिवासियों की जिन्दगी 10000 रुपया प्रतिदिन से ज्यादा कीमती है। यह एक ऐसा अवसर है जब आप आज्ञा दें तो मुझे अपनी बात कहनी ही चाहिए, मैं देखता हूं कि किसी न किसी कारण से मौलिक अधिकार समिति में कोई भी आदिवासी सदस्य नहीं हैं।

अपने भाषण में आपने यह विचार प्रकट किया है कि नागरिकों के मौलिक अधिकारों पर विचार करने वाली कमेटी में कुछ सदस्य रखे जा रहे हैं। बहुत अच्छा, मैं मानता हूं जैसा कि मैं कहता हूं सभी आदिवासी या कबीले वाले दलों के सदस्य सम्मिलित करने का उपाय नहीं है। 1941 ई. में जो मनुष्य गणना की गई थी उसके अनुसार 177 आदिवासी जातियां या कबीले वाले थे। यह प्रकट है कि 177 सदस्यों का लिया जाना असम्भव है, पर जितनी भी संख्या निर्धारित की है, मुझे स्वीकार है। अध्यक्ष महाशय, पर मैं अपने लोगों के प्रति कर्त्तव्यबद्ध हूं

कि मैं इस हाउस को बताऊं कि यह आदिवासी या कबीले वाले प्रश्न पर विचार जैसा कि पं. जवाहरलाल नेहरू ने स्वतंत्र सर्वोच्च प्रजातंत्रीय प्रस्ताव पर बोलते हुए कहा था, गहनता और भावुकता के साथ करना होगा। सभा की परीक्षा हो रही है, हमें देखना है कि क्या होता है?

शुक्रवार, 24 जनवरी 1947

आदिवासियों के प्रति इस सभा का रुख आज भी वही है जैसा अतीत में रहा है

अध्यक्ष महोदय, यह बड़ी ही आकर्षक सूची है और मुझे इसके खिलाफ कोई व्यक्तिगत आपत्ति नहीं है। मैं जानता हूं कि श्री सत्यनारायण सिन्हा द्वारा प्रस्तावित किए गए नाम बड़े प्रसिद्ध व्यक्तियों के हैं। लेकिन अब जबकि श्री राजगोपालाचार्य का कहना है कि (ब) के अन्तर्गत अध्यक्ष कमेटी में दस व्यक्तियों को और बढ़ा सकते हैं तो मैं यहां कुछ कहने की आवश्यकता महसूस करता हूं। इसका अर्थ यह है कि श्री राजगोपालाचार्य ने हमारे अनुपस्थित मित्रों के लिए जगह छोड़ दी है। यदि उन्होंने यह बता दिया होता कि पहले प्रस्तावित बारह नामों के बाद, अध्यक्ष अब जिन सदस्यों को नामजद करेंगे वह अमुक-अमुक दलों या गुटों में से होने चाहिएं तो मुझे कुछ कहने की जरूरत न थी। सूची देखने में प्रतीत होता है कि यह योजना एकता के लिए नहीं, वरन् समानता (Uniformity) के लिए है। मिसाल के तौर पर, मैंने इस सूची में डॉ. जयकर, डॉ. अम्बेडकर तथा डॉ. देशमुख जैसे व्यक्तियों के नाम देखना पसन्द किया होता।

(श्री सी. राजगोपालाचार्यः अध्यक्ष महोदय, क्या आप वक्ता से माइक्रोफोन के पास आकर बोलने की प्रार्थना करेंगे? मैं उनकी आवाज सुनने में असमर्थ हूं।)

जब मैं कल जोर से बोला तो पं. गोविन्दबल्लभ पंत ने समझा कि मैं बहुत उग्र हो रहा था। इसीलिए मैंने सोचा कि आज मैं धीरे-धीरे बोलूंगा। लेकिन, अब मैं श्री राजगोपालाचार्य के फायदे के लिए, चाहे पं. गोविन्दबल्लभ पंत कुछ भी महसूस क्यों न करें, चिल्ला कर बोलूंगा। मैं श्री राजगोपालाचार्य की सुविधा के लिए अपनी आवाज तेज करूंगा।

(अध्यक्षः माइक्रोफोन के सामने आकर चिल्लाने की इतनी आवश्यकता नहीं जितनी बोलने की।)

यदि चारों ओर माइक्रोफोन लगे होते तो मुझे उस माइक्रोफोन

के पास आने की आवश्यकता न होती, तब तो यहां से ही चारों ओर सदस्यों पर निगाह डालने से काम चल जाता। मेरा निवेदन है कि जब श्री राजगोपालाचार्य ने यह कहा कि भविष्य में अध्यक्ष द्वारा नामजद होने वाले दस सदस्यों के स्थान हमारे अनुपस्थित मित्रों के लिए सुरक्षित हैं, तो मैंने सोचा कि उन विभागों, गुटों तथा दलों को, जिनका यहां बताए गए बारह व्यक्तियों के बीच कोई प्रतिनिधित्व नहीं है, शामिल करने के लिए कोई गुंजाइश नहीं रखी गयी। मैं जानता हूं कि जहां तक हमारे वर्ग का सम्बन्ध है, इस सभा का रुख आज भी वैसा ही प्रतीत होता है जैसा उनके प्रति अतीत काल में रहा है कि उन्हें जीवन की अच्छी चीजों से हमेशा के लिए महरूम कर दिया जाये।

यह बड़ी महत्त्वपूर्ण बात है। यह मेरी अपनी धारणा है, चाहे वह ठीक भले ही न हो। हो सकता है कि कम महत्त्वपूर्ण कमेटियां हमारे साथ ईमानदारी का बर्ताव करें। मुझे मालूम नहीं, लेकिन मेरी समझ में इसका कोई कारण नहीं आता कि यहां भी कबीले वालों को कोई प्रतिनिधित्व क्यों नहीं दिया जा सकता था। जब मैं यह कहता हूं कि इस कमेटी में मैंने डॉ. जयकर, डॉ. अम्बेडकर तथा डॉ. देशमुख सरीखे धुरन्धर पंडितों को देखना पसन्द किया होता तो मैं कोई संशोधन पेश नहीं कर रहा, वरन् अपना विचार प्रकट कर रहा हूं। जिन बारह सदस्यों के नाम ऊपर बताये गये हैं, मेरी समझ में उन्हीं की भांति आदिवासी भी उच्च कोटि की सेवा कर सकते हैं। इसके लिए मैं कोई संशोधन पेश नहीं करना चाहता, किन्तु यह कहने के लिए लाचार हूं कि इस कमेटी की सदस्यता से कबायली क्षेत्रों को एकदम दूर रखा गया है और इसके साथ ही हमारे उन प्रतिभाशाली व्यक्तियों को भी जिनके नाम मैं पहले बता चुका हूं, तो मेरे आश्चर्य का ठिकाना न रहा।

शनिवार, 25 जनवरी 1947

जल, जंगल, जमीन आदिवासी-जीवन का आधार है

श्रीमान् अध्यक्ष, कल हमारी बैठक समाप्त होने तथा संशोधन उपस्थित करने के लिए आपके द्वारा निर्धारित समय में अधिक अंतर न था। इसलिए यदि पूरक सूची 2 में 19 नम्बर का संशोधन भाषा की दृष्टि से वैसा उत्तम न हो, जैसा कि किसी कुशल मसविदा बनाने वाले को उसे रखना चाहिए था, तो इसके लिए मैं परिषद् से क्षमा मांगता हूं।

मेरे संशोधन का उद्देश्य हाउस को यह बताने से है कि पृथक तथा आंशिक रूप से पृथक क्षेत्रों में जाने के लिए नियुक्त उप-समितियों ने अभी तक अपनी जांच का परिणाम बड़ी सलाहकार-समिति के आगे उपस्थित नहीं किया है। हमारे सामने उपस्थित धारा (क्लाज) में ऐसी व्यवस्था है, जो लाखों आदिवासी जनता के लिए अत्यधिक महत्त्वपूर्ण है। इन दो उप-समितियों की, विशेष कर उत्तर-पूर्वी कबायली प्रदेशों से या कहा जाये कि बंगाल-आसाम समूह से सम्बन्ध रखने वाली उप-समिति की सिफारिशों की जानकारी पर ही इस व्यवस्था को बहुत कुछ निर्भर रहना चाहिए। जब तक हम यह न जानें कि ये सिफारिशें क्या हैं तब तक हमें इस धारा तथा उसकी व्यवस्थाओं पर विचार करना अबुद्धिमत्तापूर्ण, अनुचित तथा समय से पहले की बात जान पड़ती है। इसलिए क्या मैं यह सुझाव उपस्थित कर सकता हूं, कि इस धारा पर विचार दोनों उप-समितियों की रिपोर्टें मिलने तक स्थगित रखा जाये। तब हमें ज्ञात हो सकेगा कि उनकी सिफारिशें क्या हैं?

अध्यक्ष महोदय, मैं इसी हाउस में पहले एक अवसर पर कह चुका हूं कि धरती (जल, जंगल, जमीन) आदिवासी-जीवन का आधार है। हम यहां एक ऐसी व्यवस्था पर विचार कर रहे हैं, जो केवल 34 पूर्ण रूप से पृथक तथा आंशिक रूप से पृथक कहे जाने वाले प्रदेशों की जातियों के लिए ही नहीं बल्कि इन प्रदेशों से बाहर रहने वाले लाखों व्यक्तियों के लिए जीवन-मरण का प्रश्न है। बंगाल का ही उदाहरण लीजिए। वहां लगभग 20 लाख आदिवासी ऐसे हैं, जो न पृथक क्षेत्रों में आते हैं और न आंशिक रूप से पृथक क्षेत्रों में ही। दोनों उप-समितियों

को उनकी समस्या पर भी विचार करना पड़ेगा, यद्यपि परिभाषानुसार इनका सम्बन्ध केवल उन्हीं प्रदेशों से है, जिसे पृथक प्रदेश या आंशिक रूप से पृथक प्रदेश कहा जाता है। इस अंतःकालीन अवस्था में अपने संशोधन को आगे बढ़ाने की मेरी कदापि इच्छा नहीं है।

मैं यह कहना चाहता हूं कि हम एक ऐसे निश्चय पर पहुंच रहे हैं, जिसे चाहे अभी भले ही हम अंतःकालीन निश्चय ही कहें-मुझसे अभी कहा गया है कि हम इस पर फिर से विचार करेंगे-परन्तु ऐसा करके हम केवल अपना काम बढ़ायेंगे। हम एक प्रश्न के सम्बन्ध में निश्चय पर पहुंच कर अपना समय नष्ट कर रहे हैं, जो दोनों उपसमितियों की सिफारिशों पर निर्भर रहेगा। मैं विनीत भाव से केवल यही निवेदन करना चाहता हूं।

मुझे यह जानकर संतोष हुआ है कि प्रस्तावक को ''तर्क संगत'' (Reasonable) शब्द निकाल देने में कोई आपत्ति नहीं है। मैंने जो संशोधन उपस्थित किया है उसे पढ़ने से आपको प्रकट होगा कि उसके दो भाग किये जा सकते हैं। पहले तो मैं यहां या और कहीं ऐसा स्पष्ट आश्वासन चाहता हूं कि जिससे भारत की कबायली जातियों की 3 करोड़ जनता को (यह संख्या 1941 की जनगणना के अनुसार है और यह ठीक है या गलत यह प्रश्न यहां नहीं उठता) विश्वास हो जाये कि मौजूदा कानूनों के अन्तर्गत जो संरक्षण उसे प्राप्त है, वह कायम रहेगा। धारा का वर्तमान स्वरूप कबायली जातियों के मन में गहरी आशंका उत्पन्न करती है। दोनों उप-समितियों को अभी पृथक तथा आंशिक रूप से पृथक प्रदेशों में फिर से जाना पड़ेगा, उन्हें छोटा नागपुर भी जाना पड़ेगा।

मैं आदिवासी दृष्टिकोण से इस बात पर जोर देना चाहता हूं, कि भूमि आदिवासियों के जीवन का आधार है। मेरा ख्याल है कि आसाम के प्रधानमंत्री मेरी इस बात का समर्थन करेंगे कि जब तक आदिवासियों को यह आश्वासन नहीं दिया जाता है कि उन्हें जो संरक्षण प्राप्त है उसमें इस धारा से कोई प्रभाव न पड़ेगा तब तक उन्हें तथा उप-समितियों को पृथक तथा आंशिक रूप से पृथक प्रदेशों में जाना असम्भव हो जायेगा। मुझसे पहले बोलने वाले माननीय सदस्य इस बात पर जोर दे चुके हैं। अभी काफी भ्रम फैल चुका है। मैं तो चाहता हूं कि

उप-समितियों की रिपोर्टें मिलने तक इस धारा को स्थगित रखा जाये। उदाहरण के लिये कहा जा सकता है कि हम जहां भी कही गये हैं वहीं कहा गया है कि अभी कई वर्ष तक आदिवासियों को उनकी जमीन से बेदखल न किये जाने की आवश्यकता है। यदि मैं इस संरक्षण के लिये लड़ता हूं तो अधिकांश सदस्य हंसेंगे।

आज ही प्रातःकाल एक मित्र ने मुझसे बात करते समय कहा था –''क्या आप चाहते हैं कि सृष्टि के अंत तक आदिवासियों की भूमि की बेदखली न हो सके।'' आदिवासियों की महत्त्वपूर्ण मांगों का जैसा मजाक उड़ाया जाता है उसी का यह एक उदाहरण है। हम समानता की बातें करते रहे हैं। समानता की बात बड़ी भली जान पड़ती है, किन्तु जब आदिवासियों के भूमि पर अधिकार का प्रश्न उठता है तो मैं भेदभाव की मांग करता हूं। इसीलिये मैं अनुरोध करता हूं उन समितियों की रिपोर्ट प्राप्त होने तक, जो आदिवासियों के सम्बन्ध में विचार करेंगी, इस धारा पर विचार स्थगित रखा जाये, क्योंकि वह ''......आदिवासियों के अधिकारों को प्रभावित करेगा और इस सम्बन्ध में कोई भी निश्चय न किया जाये चाहे यह निश्चय कितना भी अस्थायी क्यों न हो। मैं प्रस्तावक सरदार वल्लभभाई पटेल से अनुरोध करता हूं कि इस धारा तथा इसकी व्याख्याओं पर विचार स्थगित रखा जाये। अभी मैं अपना संशोधन आगे नहीं बढ़ाना चाहता।

.... *(सरदार वल्लभभाई पटेल : श्री जयपाल सिंह को आशंका है कि अभी जिन कानूनों द्वारा कबायली जातियों के लोगों को संरक्षण प्राप्त है, उन्हें हटा दिया जायेगा। मेरी समझ में नहीं आता कि यह आशंका क्यों है? हम वर्तमान कानूनों को रद्द करने या नये कानून बनाने की कार्रवाई थोड़े ही कर रहे हैं। इस धारा का सम्बन्ध तो मौलिक अधिकारों से है। इसके द्वारा वर्तमान कानूनों को रद्द तो नहीं किया जाता। वर्तमान कानून-व्यवस्था को कहीं स्पर्श नहीं किया गया है, सिवाय उन स्थलों के जहां विधान की रक्षा के मौलिक अधिकारों के वे विरुद्ध पड़ती हो। इसलिए आशंका की गुंजाइश बिल्कुल नहीं है। परन्तु मैं एक बात स्पष्ट करना चाहता हूं। लोग कबायली जातियों की रक्षा के लिए जो कुछ कह रहे हैं क्या उसका उद्देश्य यही है कि ये जातियां सदा इसी अवस्था में बनी रहें? मेरे ख्याल में ऐसा करना उनके हित में*

नहीं होगा। मेरा तो विचार है कि हमें कबायली जातियों को श्री जयपाल सिंह के स्तर पर लाने का प्रयत्न करना चाहिए, न कि यह कि वे इसी रूप में बनी रहें, ताकि दस वर्ष बाद जबकि मौलिक अधिकारों पर पुनः विचार हो तो वे हमारे ही स्तर तक आ जायें और ''ट्राइब'' शब्द को ही हटा दिया जाये। ''ट्राइब'' (जातियों) के लिए पृथक प्रबंध करना भारतीय संस्कृति के लिए शोभनीय नहीं है। ''ट्राइब'' का क्या अर्थ है? क्या ''ट्राइब्ज'' का जो कुछ अर्थ लगाया जाता है और क्या वास्तव में यही उनका मतलब है भी? इसका कुछ मतलब है और यह बना इसलिए कि पिछले 200 वर्ष से विदेशी शासक उन्हें अलग-अलग समूहों में कायम रखने का प्रयत्न करते रहे हैं ताकि उनके रीति-रिवाज आदि सभी कुछ भिन्न रहें, और जिससे कि विदेशियों को शासन में सुविधा रहे। शासक उनकी अवस्था में कोई परिवर्तन नहीं चाहते थे। यही कारण है कि आज हमारे मध्य अस्पृश्यता का अभिशाप है, कबायली जातियों का अभिशाप है, सत्ताधारियों के स्वार्थों का अभिशाप है और इसके अतिरिक्त और भी कितने ही अभिशाप हैं। हम इन सभी को मौलिक अधिकार देने का प्रयत्न कर रहे हैं। हमारा प्रयत्न इन अभिशापों को हटाने का होना चाहिए। दस वर्ष बाद जब हम स्थिति पर पुनः विचार करें तो हमें ऐसी अवस्था में होने की आशा करनी चाहिए कि ''ट्राइब्ज'' शब्द की जगह कोई अन्य शब्द रख सकें। जिन कानूनों से उन्हें संरक्षण मिलता रहा है वे सभी बने हुए हैं। परन्तु क्या इन कानूनों से उनकी रक्षा हो सकी है? हम इन जातियों को उनकी वर्तमान अवस्था में नहीं रहने देना चाहते। उनकी रक्षा वर्तमान कानूनों द्वारा नहीं होगी। उनकी रक्षा तो हमारे अपने कार्य और हमारी नेकनीयती से ही होगी। इसलिए मैं श्री जयपाल सिंह से अनुरोध करता हूं कि वे कोई आशंका न करें। स्वाधीन भारत में उन्हें भय की वैसी आशंका न रहेगी, जैसी पिछले 200 वर्ष में रही है।) ...

....

एक नियम सम्बन्धी आपत्ति है। श्रीमान्, सभापति, मुझे कबाइली जातियों के सम्बन्ध में वैसी कोई आशंका नहीं है, जैसी कि चर्चा माननीय सरदार पटेल ने मेरे सम्बन्ध में उठाई है। मुझे यह कहते हुए खेद हो रहा है कि मैंने जो कुछ कहा है उसका मतलब उन्होंने अपने ढंग से अलग ही लगाया है। यह सत्य हो सकता है कि कबाइली

जातियों की अवस्था में आगे जाकर सुधार हो जाये। सम्भव है वे मेरे स्तर तक आ जायें। परन्तु इसका यह मतलब तो नहीं लगाया जा सकता कि हम जिस नीति का अनुसरण करते रहे हैं उसे और भी रक्षापूर्ण या सहानुभूतिपूर्ण न बनाया जाये। मैं जानता हूं कि दस वर्ष बाद हम उस पर फिर से विचार करेंगे।

बुधवार, 30 अप्रैल 1947

क्या हम प्रांत के सर्वोच्च अधिकारी (राज्यपाल) को स्वेच्छाचारिता का अधिकार दे रहे हैं?

अध्यक्ष महोदय, मैं बहुत कुछ अपने को एक मद्रासी की तरह पा रहा हूं। उस तरफ इससे पहले बोलने वाले वक्ता के भाषण को व इस तरफ मुझसे पहले बोलने वाले वक्ता के भाषण को मैं बिलकुल नहीं समझ पाया हूं। मैं इस राय से सहमत हूं कि जहां तक हो सके वक्ताओं को उस भाषा में बोलना चाहिये जिसे इस सभा के अधिकांश सदस्य अच्छी तरह समझते हैं। यदि मुझे ऐसी भाषा में बोलने दिया जाये जिसमें मैं अपने विचार सबसे अच्छी तरह व्यक्त कर सकता हूं तो मेरे विचार से शायद ही कोई सदस्य हो जो मुझे समझ पायेगा। मैं निश्चित रूप से अपनी भाषा में ही यानि आदिवासी भाषा में बोलना चाहूंगा। यहां कोई भी ऐसा सदस्य नहीं है जो मुझे समझ पायेगा।

अध्यक्ष महादेय, आप भी उसी प्रांत के निवासी हैं जिसका कि मैं हूं। इसलिये किसी अनुवादक को ढूंढने में आपको भी बड़ी कठिनाई होगी। मुझे आशा है कि सदस्यगण जिस आवश्यकता का अनुभव करते हैं उसे ध्यान में रखते हुये और इस सभा में जो कुछ कहा गया है उसके प्रकाश में भी यह पसन्द किया जायेगा कि वक्ता ऐसी भाषा का प्रयोग करें जिसे अधिकांश सदस्य समझ सकें।

मैं संशोधन का विरोध करने के लिये यहां पर आया, लेकिन संशोधन का विरोध करने के पहले मैं एक नोट के बारे में दो एक शब्द कहना चाहता हूं। हालांकि माननीय सरदार वल्लभभाई पटेल ने यह सलाह दी है कि हमें यहां किसी नोट पर नहीं बोलना है। मैं जानता हूं कि आप मुझे यह कहने की आज्ञा देंगे कि यह बड़े ही दुर्भाग्य की बात है कि किसी गंभीर विषय से सम्बन्ध रखने वाले पत्र में इस प्रकार के शब्द हों। मैं उसे पढ़ कर सुनाऊंगाः

"इसकी ओर ध्यान देने की आवश्यकता है कि प्रस्तावित विधान के अधीन गवर्नर लोगों द्वारा निर्वाचित होगा। इसलिये

इसकी सम्भावना नहीं है कि जिन अधिकारों को वह अपने 'विवेक' से प्रयोग में लायेगा उनका दुरुपयोग न करे।''

जितना भी थोड़ा-बहुत मुझे तर्क-ज्ञान है उससे मुझे इसको समझने में सहायता नहीं मिलती। कोई व्यक्ति जो लोगों द्वारा निर्वाचित हो विवेक से प्रयोग में आने वाले अधिकारों का दुरुपयोग नहीं करेगा, यह बात मेरी समझ से परे है। अब मैं उन तर्कों पर अपना मत प्रकट करूंगा जो प्रस्तावक और समर्थक ने इस संशोधन के सम्बन्ध में दिये हैं। यह एक दुर्भाग्य की बात है कि इन खण्डों को इस तरतीब से रखा गया है। मेरी राय में प्रस्तावक व उनकी सुन्दर समर्थक का मत दूसरा ही होता यदि खण्ड 2 की जगह खण्ड 14 रख दिया जाता। आप देखेंगे कि खण्ड 14 में एक परिशिष्ट की व्यवस्था है जो आदेश-पत्र (इंस्ट्रूमेंट ऑफ इंस्ट्रक्शन्स) के अनुरूप होगा।

मेरे विचार में यदि हमें यह बता दिया जाता कि यह परिशिष्ट या आदेश-पत्र कैसा होगा तो बहुत कुछ भ्रम दूर हो जाता। अभी तक हम उत्तरदायी सरकार के बारे में बोलते रहे हैं। उत्तरदायी सरकार का अर्थ आखिर यही तो है कि प्रांत की प्रबन्धकारिणी का अध्यक्ष उत्तरदायी सरकार की प्रथाओं का आदर करे। उसके स्वेच्छाचारी होने का कोई सवाल ही नहीं पैदा होगा। यह स्वीकार करना होगा कि जहां तक उन खण्डों की भाषा का सम्बन्ध है जिन पर हमने अभी तक विचार किया है, उससे यह प्रकट होता है मानो हम प्रांत के सर्वोच्च अधिकारी को स्वेच्छाचारिता के अधिकार दे रहे हों।

श्रीमान्, वास्तव में यह बात नहीं है, विशेषतः यदि हम यह ध्यान में रखें कि क्या हमने ऐसे आदेशपत्र या परिशिष्ट की व्यवस्था की है जिससे वह बंध जाता है। ऐसी स्थिति में मेरे मित्रों ने जो भय प्रकट किया है उसका कोई कारण नहीं रह जाता। श्रीमान्, मुझे स्वयं इस सम्बन्ध में आश्चर्य होता है कि आखिर हमारे विधान-विशेषज्ञों की इच्छा क्या है। एक साधारण इंसान की तरह मैंने यह समझने की कोशिश की है कि क्या वे कम से कम इस बीच के समय के लिये एक ऐसा विध ान बना रहे हैं जो प्रजातंत्रात्मक हो। पर अभी तक मुझे इसका विश्वास नहीं हुआ। इसमें जैसी भाषा का प्रयोग हुआ है उससे तो बिल्कुल ही

विश्वास नहीं हो पाया है कि इस प्रजातंत्र का ढंग गणतंत्रात्मक है। लेकिन जहां तक इस खण्ड विशेष का सम्बन्ध है, इसमें कोई सन्देह नहीं कि गवर्नर अपने उत्तरदायित्व को समझकर काम करेगा।

बृहस्पतिवार, 17 जुलाई 1947

देश की भावी लोकतांत्रिक व्यवस्था में आदिवासियों का प्रभावशाली प्रतिनिधित्व होना चाहिये

अध्यक्ष महोदय, जैसा कि वाक्य-खंड 19 है उसका उसी रूप में समर्थन करते हुये मुझे बड़ी खुशी है। इसके साथ ही साथ आसाम के सदस्यों ने आसाम की पहाड़ी स्थिति, दुर्गमता, दूर-दूर बसी हुई आबादी तथा और सभी भौगोलिक कठिनाइयां अंकित करते हुये जो चित्र उपस्थित किया है उसके पक्ष में भी मेरा कुछ-कुछ झुकाव है। परन्तु इसका मुझे पूर्ण निश्चय है कि जो संशोधन एक की बजाय दो लाख की जनसंख्या पर एक प्रतिनिधि भेजने के सम्बन्ध में पेश किया गया है, इस परिषद द्वारा स्वीकार नहीं किया जाना चाहिये। यदि कुछ करना है तो हमें दूसरी दिशा की ओर बढ़ना चाहिये और प्रतिनिधित्व का जहां तक हो सके अधिक से अधिक विस्तृत आधार बनाना चाहिये और एक लाख की संख्या को कुछ कम कर देना चाहिये।

मैं यह नहीं कहता कि वह संख्या 35,000 हो, 10,000 हो अथवा 50,000 हो। मेरे ख्याल से हमें वर्तमान प्रणाली में साध्य बातों पर गौर करना है। यदि हम वास्तव में गणतांत्रिक होना चाहते हैं तो वैसे ही हमारे प्रतिनिधि होने चाहियें और प्रतिनिधित्व का जितना अधिक हो सके विस्तृत आधार बनाना चाहिये। यहां हम संख्या को एक लाख से अधिक बड़ा नहीं कर सकते। आसाम प्रांत की दुर्गम तथा पहाड़ी स्थिति का अच्छा दृश्य हमारे सामने उपस्थित किया गया है। यह सत्य है और पूरे भारत में आदिवासियों के अधिकतर क्षेत्रों की यही विशिष्टता है।

मैं छोटा नागपुर (झारखंड) का निवासी हूं, जो उतना ही पहाड़ी और उतना ही दुर्गम है जितने कि वे कुछ प्रदेश जिनका वर्णन मेरे मित्र श्री गोपिनाथ बारदोलोई आसाम वालों ने किया है। यदि निर्वाचन-क्षेत्रों की सीमा न्यून जनसंख्या के आधार पर निर्धारित नहीं की जाती है तो

इसका केवल यही आशय होगा कि चुनावों का लोगों पर कोई विशेष प्रभाव नहीं पड़ेगा। जिनसे हम वोट लेना चाहते हैं उनमें रुचि पैदा करना कठिन होगा।

श्री मुहम्मद सादुल्ला ने अपने संशोधन में यह बताया है कि वे यह नहीं चाहते कि कोई सभा बहुत बड़ी और बेकाबू हो। उन्होंने हमें एक ऐसी संख्या बताई है कि जिसको और अधिक बढ़ाना वे नहीं चाहते। यह सब ठीक है लेकिन अध्यक्ष महोदय, संस्कृति तथा भाषा के आधार पर प्रांतों के पुनर्विभाजन तथा सीमा निर्धारण के सम्बन्ध में भारतीय राष्ट्रीय कांग्रेस के एजेन्टों के विचारों को मैं बहुत कुछ सुनता और पढ़ता रहा हूं। 16 वर्ष पहले का कराची का अल्पसंख्यकों सम्बन्ध ी प्रसिद्ध प्रस्ताव और अभी- अभी आंध्र, केरल, कर्नाटक, महाराष्ट्र, महाकौशल, मिथिला और झारखंड जैसे क्षेत्रों की जबरदस्त मांगें हमारे सामने हैं। मुझे नहीं पता कि कुछ क्षेत्र रह तो नहीं गये हैं लेकिन ये क्षेत्र अवश्य ऐसे हैं जो अपनी यह मांग पेश करते चले आ रहे हैं कि वर्तमान बड़े और बेकाबू तथा अप्राकृतिक प्रांतों की सीमा को फिर से निर्धारित की जानी चाहिये।

मुझे आशा है कि सीमाओं का निर्धारण होगा, भारतीय राष्ट्रीय कांग्रेस अपनी प्रतिज्ञा को पूरा करेगी, कराची के अल्पसंख्यक सम्बन्धी प्रस्ताव का आदर करेगी और इस स्वप्न को क्रियान्वित करने का शीघ्र ही प्रयत्न करेगी। उस दशा में मैं विचार करता हूं कि गणित के हिसाब से श्रीमान् सादुल्ला का डर बिलकुल ही निकल जायेगा।

श्रीमान्, रेव. निकोलस राय ने जो प्रश्न उठाया है उसके संबंध में मैं अपने आपको भद्दी अवस्था में पाता हूं। स्वयं आदिवासी होने के कारण और यह अनुभव करते हुये कि आदिवासियों का देश की भावी प्रजातंत्र व्यवस्था में प्रभावशाली प्रतिनिधित्व होना चाहिये, मैं एक समस्या से स्वयं भयभीत हूं कि दसवर्षीय 1941 ई. की जनगणना में लगभग 177 आदिवासी समुदाय हैं। यदि हम इसे स्वीकार कर लें तो प्रत्येक आदिवासी समुदाय का प्रतिनिधित्व होना चाहिये-यही मोटे रूप में राय साहब ने हमारे सामने रखा है। उन्होंने एक संख्या का जिक्र किया है-वह संख्या आसाम के विशिष्ट समुदायों के शामिल करने से आशय रखती है। यदि हम इस आधार पर कार्य करें तो मुझे भय है

1,000 तक की कम संख्या से भी - यदि एक हजार लोग अपना प्रतिनिधि भेजें - यह आशय होगा कि कोई न कोई छूट जायेगा। मेरे विचार से कहीं न कहीं तो हमें इसका अन्त करना ही है और मेरा अनुभव कहता है कि जो संख्या प्रस्तावक महोदय ने बताई है - अर्थात् एक लाख जनसंख्या पर एक प्रतिनिधि - वह ठीक है और उसका समर्थन करने में मुझे खुशी है।

शुक्रवार, 18 जुलाई 1947

न्याय विभाग को शासन विभाग से बिल्कुल स्वतंत्र रखा जाना चाहिए

श्रीमान्, मैं भाग 2 के 1-3 खण्डों का समर्थन करता हूं। साथ ही साथ माननीय प्रस्तावक महोदय से मैं यह जानकारी चाहता हूं कि न्याय विभाग को शासन विभाग से बिल्कुल स्वतंत्र रखने का आन्दोलन देश में चल रहा है, उस पर भी कोई बहस हुई या नहीं और इस आन्दोलन का नतीजा हमें कब मालूम होगा। संघ अधिकार समिति की ओर से जो रिपोर्ट पं. जवाहरलाल नेहरू पेश करेंगे उसमें क्या इस पर विचार किया गया है। मैं केवल इतना ही पूछना चाहता हूं और यह आशा कर रहा हूं कि माननीय प्रस्तावक महोदय इस बात पर भी जरूर प्रकाश डालेंगे।

सोमवार, 21 जुलाई 1947

आदिवासी लोग पिछले छह हजार सालों से युद्ध कर रहे हैं

अध्यक्ष महोदय, जब मैंने पंडित जवाहरलाल नेहरू का भाषण सुना, मैंने सोचा कि किसी भाषण की आवश्यकता नहीं होगी। लेकिन चूंकि इस हाउस के भिन्न-भिन्न दलों ने एक-एक करके जिस झंडे को हम इस देश का राष्ट्रीय झंडा स्वीकार करने वाले हैं, उसके प्रति अपनी निष्ठा प्रकट करने तथा उसे स्वीकार करने का प्रयत्न किया, तो मैंने सोचा कि मैं भी कुछ कहूं उन तीन करोड़ आदिवासियों की ओर से जो कि इस देश के सच्चे स्वामी हैं, इस भूमि के प्रथम पुत्र हैं, भारत के अति प्राचीन शिष्ट जन हैं और जो पिछले 6 हजार वर्षों से स्वतंत्रता प्राप्त करने के लिये युद्ध कर रहे हैं। अपने इन लोगों की ओर से इस झंडे को देश का झंडा स्वीकार करने में मुझे बड़ी खुशी है।

श्रीमान् जी, इस हाउस के बहुत से सदस्य यह सोचने लगे हैं कि झंडे फहराने का श्रेय आर्य सभ्यता को है। श्रीमान् जी, आदिवासी झंडा फहराने में और अपने झंडे के लिये युद्ध करने में सर्वप्रथम हैं। जो सदस्य बिहार प्रांत से आये हैं मेरी इस बात का समर्थन करेंगे कि प्रति वर्ष छोटे नागपुर के जतरा, मेलों और उत्सवों में जब भिन्न-भिन्न आदिवासी समुदाय अपने-अपने झंडे लेकर क्षेत्र में प्रवेश करते हैं, तब प्रत्येक समुदाय 'जतरा' में एक विशेष मार्ग से आता है। केवल एक ही मार्ग से आता है और अन्य कोई दल उस मार्ग से नहीं आ सकता। प्रत्येक गांव का एक झंडा होता है और उस झंडे की नकल कोई दूसरा दल नहीं कर सकता है। यदि कोई व्यक्ति उस झंडे को चुनौती देता है तो श्रीमान् जी, मैं आपको विश्वास दिलाता हूं कि वह विशेष दल उस झंडे की प्रतिष्ठा की रक्षा करने के लिये अपने अन्तिम खून की बूंद बहा देता है।

अब से वहां दो झंडे होंगे, एक वह जो वहां 6 हजार वर्षों से है और दूसरा यह राष्ट्रीय झंडा जो कि हमारी स्वतंत्रता का चिह्न होगा जैसा कि पंडित जवाहरलाल नेहरू ने बतलाया है। यह राष्ट्रीय झंडा

आदिवासियों को एक नया संदेश देगा कि स्वतन्त्रता के लिये उनका 6 हजार वर्षों चल रहे युद्ध का अन्त हो गया है और वे अब इस देश में उतने ही स्वतंत्र हैं जैसे कि अन्य व्यक्ति। श्रीमान् जी, पंडित जवाहरलाल नेहरू ने जो झंडा पेश किया है, भारत के आदिवासियों की ओर से उसे स्वीकार करने में मुझे बड़ा हर्ष है।

सोमवार, 22 जुलाई 1947

नौकरियों में सभी को समान अवसर मिले ऐसी संस्थागत व्यवस्था जरूर होनी चाहिए

उपाध्यक्ष महोदय, अभी जो संशोधन पेश किया गया है उसका मैं बड़ी प्रसन्नता के साथ समर्थन करता हूं। आप अध्याय 1 से भाग 4 के पैरा 7 में देखेंगे कि हम राष्ट्रपति को संघ की देश-रक्षा की सेनाओं के सर्वोच्च नायकत्व का अधिकार दे चुके हैं। जब आपने 'सर्वोच्च नायकत्व' शब्दों का प्रयोग किया है तो मैं समझता हूं कि आपका उद्देश्य यह है कि राष्ट्रपति अपनी अधीनस्थ सेनाओं के लिये भर्ती की व्यवस्था करेगा। संशोधन में इसका स्पष्टीकरण किया गया है कि देश-रक्षा की सेनाओं के अफसर किस प्रकार नियुक्त किये जायेंगे।

अध्यक्ष महोदय, आपको ज्ञात ही है कि इस समय सारे देश में नौकरियों के लिए नियुक्ति करने के कई बोर्ड हैं और पिछले तीन वर्षों से एक में मैं स्वयं काम करता आ रहा हूं। मैं यह जानता हूं कि नियुक्ति की वर्तमान प्रणाली ही ठीक है। वह एक मनोवैज्ञानिक प्रणाली कही जाती है। इससे पक्षपात नहीं होने पाता और समाज में सभी को समानाधिकार मिल जाते हैं। इस प्रणाली के अनुसार प्रत्येक व्यक्ति को कमीशन प्राप्त करने का समान अवसर मिल जाता है। इस संशोधन के प्रस्तावक बता चुके हैं कि भारत की भविष्य की सेना में कमीशन उसी प्रकार दिये जाने चाहियें जैसे अखिल भारतीय नौकरियों के उच्च पदों के लिये नियुक्तियां की जाती हैं और मेरे विचार से यह अत्यावश्यक है कि उसके लिये भी नौकरियों के लिये नियुक्ति करने वाले बोर्डों के समान कोई संस्था होनी चाहिये। चाहे हम उसे देश-रक्षा की नौकरियों का कमीशन कहें या नौकरियों के लिये नियुक्ति करने वाला बोर्ड कहें इससे कुछ अन्तर नहीं पड़ता। परन्तु इस सम्बन्ध में मुझे कुछ भी सन्देह नहीं है कि इस प्रकार की एक संस्था की आवश्यकता है।

मंगलवार, 29 जुलाई 1947

आदिवासी मसले को सुलझाना है तो आदिवासी प्रतिनिधि रखना जरूरी है

अध्यक्ष महोदय, मैं इस सुझाव का स्वागत करता हूं कि एक उप-समिति बनाई जाये, जो चीफ कमिश्नरों के प्रांतों के भविष्य के सम्बन्ध में सोच-विचार करे। मेरा अपना हित इस तथ्य में निहित है कि इन प्रांतों में बहुत बड़ी संख्या में आदिवासी लोग रहते हैं, विशेषकर अण्डमान और निकोबार द्वीप समूहों में। उस उप-समिति के विषय में, जिसे विधान-परिषद् ने आदिवासी प्रदेशों- 6 पूर्णतः वर्जित प्रदेशों तथा 18 अंशतः वर्जित प्रदेशों की समस्या को सुलझाने के लिए बनाया गया था- यहां कुछ कहा गया है। मैं समझता हूं कि यह आवश्यक है कि यह साफ-साफ बता दिया जाये कि ये दोनों उप-समितियां उन्हीं शब्दों से बंध गी हैं जो वहां रखे गये थे। इसका सारांश यह है कि ये उप-समितियां पूर्णतः वर्जित और अंशतः वर्जित आदिवासी क्षेत्रों के अतिरिक्त और दूसरे प्रदेशों पर ध्यान नहीं दे सकती थीं। इस तरह समितियों ने अपना कार्य आरम्भ किया, किन्तु अब उन्हीं शब्दों के और उदार अर्थ निकाले गये हैं। लिहाजा अब वे समितियां उन आदिवासी क्षेत्रों के लिए भी सिफारिश कर सकती हैं जो दोनों तरह के आदिवासी क्षेत्रों (Tribal Areas) से बाहर हैं।

महोदय, आदिवासी क्षेत्रों के लिए दो उप-समितियां बनी हुई हैं और इस हालत में मेरा ऐसा सोचना है कि ये दोनों आदिवासी उप-समितियां इस संशोधन द्वारा सुझाई उप-समिति के कार्य में समान रूप से दिलचस्पी रखती हैं। इसलिये मेरा अपना सुझाव यह है कि वर्तमान आदिवासी उप-समितियों के कुछ सदस्यों को इस उप-समिति में शामिल किया जा सकता है, जिसे मुख्य आयुक्त के प्रांतों के स्थिति की जाँच करने के लिए गठित किये जाने का प्रस्ताव पेश किया गया है। क्योंकि कुछ प्रांत ऐसे हैं जहां वास्तव में सभी समस्यायें एक जैसी होगी और जिनके लिये हमें आदिवासियों से बातचीत करनी पड़ेगी।

बुधवार, 30 जुलाई 1947

हमें उन आदिवासियों का भी ख्याल रखना होगा, जो आदिवासी प्रदेशों से बाहर रहते हैं

मुझे बहुत थोड़ा ही कहना है, और मैं उसे कहना बहुत जरूरी समझता हूं ताकि उस स्थिति का प्रतिकार किया जा सके जो कि देश में शीघ्र ही भयानक रूप धारण कर सकता है। इससे पहले कि मैं इसके विषय में कुछ कहूं मैं फिर वही कहूंगा कि जो मैंने कुछ मिनट हुए कहा था कि आदिवासी प्रदेश की समस्या पर विचार करने में हमें उन आदिवासी लोगों का भी ख्याल रखना होगा, जो आदिवासी प्रदेशों से बाहर रहते हैं।

श्रीमान्, सर अकबर हैदरी, आसाम के गर्वनर, नागा पहाड़ियों को 26 जून और 2 जुलाई के बीच में देखने गये। उस समय से कुछ अत्यंत दुखद बातें वहां पर हो रही हैं। सम्भव है कि सदस्यों ने समाचार पत्रों में पढ़ा होगा और सरकार के बहुत से सदस्यों के पास और मैं समझता हूं, श्रीमान्, आपके पास भी कुछ नागाओं के तार आये हैं जिससे पता चलता है कि उनका क्या करने का विचार है। स्वयं मेरे पास प्रतिदिन एक तार की औसत से तार आये हैं, अन्तिम तार पहले आये तारों की अपेक्षा कहीं अधिक चिन्ता में डालने वाला होता है। प्रत्येक तार पागलपन में एक पद आगे ही बढ़ जाता है। यदि आप मुझे बताने की आज्ञा दें तो अवस्था यह है कि कुछ लोगों ने यह कहकर नागाओं को भड़काया है कि अंग्रेजी शासन के हटने पर देश फिर से उनको मिल जाएगा। उनका विचार है कि उनका प्रदेश भी देशी राज्यों की तरह है जहां पर पूर्णाधिकार देशी राज्यों को मिल जायेंगे। इस कारण वह समझते हैं कि वह जो चाहे कर सकते हैं। यह बात कि नागा पहाड़ियां सदैव भारत का भाग रही हैं और उनको कभी भी देशी राज्यों का समानत्व प्राप्त नहीं हुआ है, नागाओं को कभी बताई ही नहीं गई हैं। इसके विपरीत ऐसा प्रतीत होता है कि नागाओं को यही बताया गया है कि नागा पहाड़ियां उन्हीं की हैं और वह कभी भारत के भाग थे ही नहीं और यह भी जैसे ही भारतवर्ष डोमीनियन बन जाये वैसे ही नागा

पहाड़ियां उनकी अपनी हो जाएंगी। मान्यवर, नागा पहाड़ियों के कुछ नेता अभी देहली आये थे और सरकार के कुछ मुख्य सदस्यों से मिले। हममें से जो उनसे मिले उनको सब बता दिया..(बाधा)

मैं केवल यह चाहता हूं कि मेरा कथन नागा पहाड़ियों तक गूंजे और उनको पता चले कि कुछ स्वार्थी लोगों ने यह गलत बताया है कि बरतानियां सरकार की जून वाली योजना के अनुसार वे भी वही कर सकते हैं जो देशी राज्य कर सकते हैं। मैं यह केवल इस कारण कहना चाहता था क्योंकि मैं समझता हूं कि इस सभा भवन से कुछ बातें निश्चित रूप से कही जायें। एक तार जो आन्तरिक सरकार के सदस्यों के पास भेजा गया था उसके अनुसार विधान-परिषद् ने व्यक्त किया है कि नागाओं ने संघ में सम्मिलित होने का निमंत्रण अस्वीकार कर दिया है। प्रस्ताव में निमंत्रण का प्रश्न ही नहीं उठता। इसके अतिरिक्त निमंत्रण की कोई आवश्यकता ही नहीं है; कारण यह है कि नागा सदैव भारत के भाग रहे हैं इस कारण उनके भारत से निकल जाने का प्रश्न ही नहीं उठता। वह कोई देशी राज्य थोड़े ही हैं।

मैं आशा करता हूं कि वहां पर जो गड़बड़ी पैदा की जा रही है, वह इस सदन के दिये हुए व्यक्तव्य से दूर हो जायेगी। शुद्ध वास्तविकता यह है कि नागा पहाड़ियां भारत का भाग हैं और वह कभी भी उसके बाहर नहीं हैं।

बुधवार, 30 जुलाई 1947

असमानता बनाये रखने की कीमत पर
हम अपने लिये आरक्षण नहीं चाहते

श्री अध्यक्ष महोदय, मैं स्वयं भी परामर्श समिति का सदस्य हूं, अतः स्वयं अपने आपको और अपने साथियों को बधाई देने के लिये मैं खड़ा नहीं हुआ। परंतु मैं तो आदिवासियों की ओर से कुछ शब्द कहने के लिये यहां आया हूं, क्योंकि हम पर भी अल्पसंख्यक उप-समिति की सिपफारिशों का प्रभाव पड़ा है। मैं एंग्लो इंडियन और पारसियों के समान छोटे अल्पसंख्यकों को उनकी सपफलता पर बधाई देता हूं। मैंने उन्हें छोटा इसलिये कहा है क्योंकि उनकी संख्या हमारी संख्या से बहुत ही कम है और इस दृष्टि से वे अत्यंत ही छोटे हैं। जहां तक एंग्लो इंडियन का संबंध है उन्हें तो निश्चय ही अपनी योग्यता से अधिक भाग मिला है। मुझे उनसे कोई ईर्ष्या नहीं। प्रभु करे उनका भविष्य और भी भाग्यशाली हो। 'हम संख्या की दृष्टि से अल्पसंख्यक हैं' इस बात को सामने रखकर हम यहां व्यवहार नहीं कर रहे। हिंदुओं या मुसलमानों से हम कम हैं अथवा पारसियों से अधिक, हमारी इस स्थिति का इस बात से कोई संबंध नहीं। हमारा पक्ष तो इस बात पर निर्भर है कि हमारे और जाति के अन्य लोगों के सामाजिक, आर्थिक और शिक्षा-स्तरों (Standard's) में जमीन और आसमान का फर्क है। और यह विधान द्वारा लगाई गई किसी विशेष शर्त द्वारा ही संभव हो सकता है कि हम लोगों को साधारण जनता के तल तक लाया जा सके।

मेरे विचार में आदिवासी अल्पसंख्यक नहीं। मेरा तो हमेशा से ही यह ख्याल रहा है कि वे लोग जो देश के आदिस्वामी थे उनकी संख्या चाहे कितनी ही थोड़ी क्यों न हो कभी भी अल्पसंख्यक नहीं समझे जा सकते। उन्हें ये अधिकार परम्परा से प्राप्त हुये हैं और संसार में कोई भी उनसे ये छीन नहीं सकता। हम इस समय परम्परा से प्राप्त इन अधिकारों की मांग नहीं कर रहे हैं। हम तो दूसरें लोगों से जो व्यवहार होता है उसकी ही मांग करते हैं। भूतकाल में हमें इस तरह अलग-अलग रखा गया था मानों कि हम किसी चिड़ियाघर में रहते हों। इसके लिये

मुझे बड़े राजनैतिक दलों, अंग्रेजी सरकार और प्रत्येक शिक्षित भारतीय को धन्यवाद देना है। भूत में हमारे प्रति सब लोगों का इस प्रकार का व्यवहार रहा है। हमारा कहना तो यह है कि आपको हमारे साथ मिलना ही होगा और हम भी आपके साथ मिलने के लिये तैयार हैं। इसी कारण से तो हमने धारासभाओं में स्थानों की सुरक्षा के लिये जोर लगाया है ताकि हम आपको अपने समीप आने के लिये बाध्य कर सकें और स्वयं अवश्य ही आपके समीप आयें। हमने पृथक निर्वाचन की कभी मांग नहीं की और वस्तुतः हमें यह कभी प्राप्त भी नहीं हुआ। केवल आदिवासियों के एक छोटे से अंग को जो कि अन्य मतों को और विशेषकर पाश्चात्य ईसाई धर्म को अपना चुका था, पृथक निर्वाचन प्राप्त हुआ था। परंतु इनकी बहुत बड़ी संख्या, जहां कहीं पर भी उन्हे मत देने का अधिकार प्राप्त हुआ था, साधारण निर्वाचन के ही मातहत थी। हां, उनके लिये स्थान सुरक्षित कर दिये गये थे। अतः जहां तक आदिवासियों का संबंध है, कोई भी परिवर्तन नहीं हुआ। परंतु आंकड़ों की दृष्टि से एक बहुत बड़ा परिवर्तन हो चुका है। सन् 1935 के एक्ट के अनुसार भारत की सारी प्रांतीय धारासभाओं के 1585 सदस्यों में से आदिवासियों के केवल 24 ही थे और केन्द्र में तो एक भी उनका सदस्य न था। अब वयस्क मताधिकार विधि के अनुसार, जो प्रत्येक लाख आबादी के पीछे एक सदस्य भेजने का अधिकार देती है, हमारी स्थिति में बड़ा भारी फर्क पड़ जायेगा। अब यह गिनती पहले से दस गुना होगी। जब मैं भारतीय भारत का जिक्र करता हूं, तो क्या मैं देशी रियासतों (Princely India) से भी यह निवेदन कर सकता हूं। देशी रियासतों में आदिवासियों को कहीं थोड़ा-सा भी प्रतिनिधित्व प्राप्त नहीं। मैं आशा करता हूं, भारतीय भारत के भाव वहां पर भी उचित रूप से प्रवेश कर जायेंगे।

(श्री एम॰ एस॰ अणे (दक्षिणी रियासतें) : अभारतीय भारत अब कहीं नहीं है।)

मैं श्री अणे को बता दूं कि मैं 'अंग्रेजी भारत' इसके स्थान पर 'भारतीय भारत' इस नये रूढ़ का प्रयोग कर रहा था। इसी कारण रियासतों को मैंने देशी रियासत कहकर के पुकारा है। आप यदि किसी दूसरे प्रयोग को इस्तेमाल करना चाहें, कर लें। परंतु 'भारतीय भारत' से मेरा तो केवल 'देशी राज्यों से भिन्न' इतना ही आशय था। मैं आशा

करता हूं कि भारतीय समाज के अत्यंत पिछड़े हुये भाग को आगे ले जाने के भाव देशी राज्यों में भी प्रवेश करने लगेंगे।

श्रीमान्, परिगणित जातियों के नेताओं ने नौकरियों में उनके लिये रखी गई 'सुरक्षा' के संबंध में कृतज्ञता प्रकट करते हुये बहुत कुछ कह डाला है। थोड़े ही दिन हुये जब कि भारतीय सरकार ने घोषणा की थी कि इस विषय में एक विषय नीति पर अमल किया जायेगा जिससे परिगणित जातियों को केन्द्रीय सरकार में स्थान दिया जा सके। मुझे बहुत खेद है कि अत्यंत अधिकारी समुदाय आदिवासियों को इस विषय में सर्वथा ही भुला दिया गया है। मैं आशा करता हूं कि मेरे ये शब्द भारतीय सरकार तक पहुंच जायेंगे और वह इस विशेष विषय की ओर कुछ ध्यान देगी। हम किसी असमान शर्तों पर 'सुरक्षा' की मांग नहीं करते। हमारी तो केवल इतनी ही इच्छा है कि जब तक नौकरी के लिये वांछित मानकों (Standard's) को हम पूरा करते हैं तो उनसे हमें सर्वथा ही वंचित न रखा जाये।

आदिवासियों के संबंध में और बहुत कुछ कहा जा सकता है। परंतु आदिवासी संबंधी दो उप-समितियों की रिपोर्टों पर विचार करते समय इस समस्या विशेष को सोचने का अवसर परिषद् को फिर प्राप्त होगा। अतः इस विषय में मैं अधिक नहीं कहूंगा। मैं अल्पसंख्यक संबंधी परामर्श समिति की सिफारिशों पर परिषद् द्वारा विचार किये जाने का समर्थन करता हूं।

————————

श्रीमान्, मैं जानना चाहता हूं कि क्या यह विचार न था कि मद अ॰ 3 ''आसाम में मैदानी कबीले'' पर तब तक विचार न किया जाये जब तक कि समिति की अंतिम रिपोर्ट प्राप्त न हो जाये? मेरा ख्याल था कि परामर्श-समिति में यह निश्चय किया गया था कि मद अ॰ 3 पर विचार न किया जाये; परंतु इस मद को मैं यहां पर सम्मिलित पाता हूं।

अध्यक्ष : मुझे डर है कि जो कुछ आपने कहा है उसे मैं समझ नहीं पाया।

समिति की रिपोर्ट कल दोपहर पश्चात से पूर्व ही हमारे सामने आ जायेगी। क्योंकि वह अभी तक विचाराधीन है, अतः मेरा सुझाव है कि मद अ॰ 3 को अलग ही रख दिया जाये। इसके शब्दों को छुआ न

जाये और न ही उस पर इस समय विचार हो। हम इस पर बाद में विचार कर लेंगे, कल ही सही।

अध्यक्ष: तो क्या आपका यह सुझाव है कि अ॰ 3 ''आसाम के मैदानी कबीले'' को सूची से निकाल दिया जाये?

हां, इसे सूची से इस समय के लिये निकाल लिया जाये और इसके शब्दों का कल निश्चय किया जाये।

सरदार वल्लभभाई पटेल: उस उपसमिति की रिपोर्ट जब पेश होगी तो कबीलों को दिये जाने वाले संरक्षणों का निश्चय उस रिपोर्ट के अनुसार ही किया जायेगा। यहां पर भिन्न-भिन्न प्रकार के अल्पसंख्यकों की उनके बल के ब्रफमानुसार गिनती की गई है। अतः जहां तक परिगणना का संबंध है, किसी प्रकार के संदेह या आशंका के लिये वहां कोई जगह नहीं। उपसमिति ने जिन-जिन संरक्षणों की सिफारिश की है वे हर हालत में दिये जायेंगे। इस बात में संदेह के लिये कोई अवसर ही नहीं है।

श्रीमान्, एक वैधानिक आपत्ति है। अब हम क्योंकि अल्पसंख्यकों के प्रश्न पर विचार कर रहे हैं, तो क्या मैं जान सकता हूं कि इस बात को क्या परामर्श-समिति ने या अल्पसंख्यक-समिति ने ही केवल पेश किया है? यदि मैं भूलता नहीं तो मुझे स्मरण पड़ता है कि यह मद विशेष करके रोक ली गई थी और इस बात पर सब सर्वसम्मत थे कि जब तक कबीलों-संबंधी दोनों समितियों की रिपोर्टें पेश न हो जायें तब तक इस विषय पर विचार न किया जाये।

बुधवार, 27 अगस्त 1947

हम अपना अधिकार किसी को
कैसे सौंप सकते हैं?

अध्यक्ष महोदय, जो प्रस्ताव पेश किया गया है मैं उसका विरोध करता हूं; क्योंकि मैं अनुभव करता हूं कि इस हालत में हमारे लिये किन्हीं विशेषज्ञों की या अन्य व्यक्तियों की समिति नियुक्त करना ठीक नहीं है जोकि उन बातों पर गौर करें जिन पर हमने अभी तक निर्णय नहीं किया है। इसे मैं भली प्रकार समझ सकता हूं कि जो निर्णय किये जा चुके हैं उनको सांचे में ढाला जा सकता है और वैधानिक भाषा का स्वरूप दिया जा सकता है, परन्तु कुछ वक्ताओं ने यह संकेत किया है कि यह समिति उन विषयों पर भी गौर करेगी जिन पर सभा ने अपना निर्णय नहीं दिया है। बहुत से महत्त्वपूर्ण विषय अभी छोड़ दिये गये हैं। उन पर इस परिषद् ने निर्णय नहीं किया है और मैं नहीं समझ पाता कि विधान बनाने के अपने अधिकार को हम किसी समिति को कैसे सौंप सकते हैं। मैं समझता हूं कि इसमें कोई मतभेद हो ही नहीं सकता है। यह मैं मानता हूं कि जहां तक उन वाक्यखण्डों तथा अन्य बातों का सम्बन्ध है जिन पर हम निर्णय कर चुके हैं, एक समिति उनको उपयुक्त वैधानिक भाषा में रख सकती है। यहां एक प्रश्न उठाया गया है, किसी प्रकार के अन्तिम रूप तक पहुंच जाना चाहिये।

सच है। हम एक विधान बना रहे हैं और वह शब्द स्वयं यह अर्थ रखता है कि हमें उसमें प्रति पांच मिनट के पश्चात् परिवर्तन नहीं करना है, परन्तु इसके साथ-साथ अन्तिम रूप तक पहुंचने के पूर्व हमको स्थिति के अवलोकन करने का यथेष्ट अवसर मिलना चाहिये। यह हो सकता है कि हम कुछ निर्णयों को रद्द कर दें। सभा सर्वोच्च संस्था है और उसे निर्णयों के करने तथा उन्हें रद्द करने का अधिकार है। मुझे ऐसा प्रतीत होता है कि इस हालत में समिति नियुक्त कर हम एक उल्टा काम कर रहे हैं। हमने यह खूब अनुभव कर लिया है कि शीघ्रता करने से कोई लाभ नहीं। हमने विशेषज्ञों की समितियां नियुक्त कीं, उन्होंने अपनी रिपोर्टें पेश की, और जो कुछ हुआ वह यह है कि जब ये रिपोर्टें

परिषद् के सामने आई तो उनमें से सारवस्तु को ले लिया गया और विशेषज्ञों की सिफारिशों में अनेकों महत्त्वपूर्ण परिवर्तन किये गये। यही हाल मस्विदा बनाने वाली समिति का होगा, जबकि वह अपनी रिपोर्ट पेश करेगी। मेरे विचार से इस मामले में भी हम अपना समय गंवायेंगे। मैं समझता हूं कि अच्छी बात यह होगी कि जो कुछ काम बाकी है हम उसे पूरा करें और तब मस्विदा बनाने वाली समिति इस स्थिति में होगी कि परिषद् द्वारा किये गये समस्त निर्णयों को पूर्णतया प्राप्त कर एक प्रस्तावित कानून बना सके जो हमारे सामने आ सकता है और तब हम अन्तिम रूप में यह निश्चय कर सकते हैं कि हम प्रस्तावित कानून की भाषा या विषय में परिवर्तन करना चाहते हैं या नहीं।

श्रीमान् जी, मैं विशेषकर अनुभव करता हूं कि इस कमेटी पर उदाहरण के रूप में कबायली विषय से सम्बन्धित वाक्यखण्डों की वैधानिक भाषा का मस्विदा बनाने का कार्य भी नहीं छोड़ना चाहिये। अभी कबायली समिति को, जो कि परामर्शदातृ समिति द्वारा नियुक्त की गई समितियों में से है और जिसको इस परिषद् ने फिर नियुक्त कर दिया है, अभी अपना कार्य समाप्त करना है। क्या इसका अर्थ यह है कि यह विशेषज्ञों, मस्विदा बनाने वाले विशेषज्ञों, की समिति प्रस्तावित कानून में वे विषय रख रही है जो कि अभी तक परिषद् के सामने नहीं आये हैं? मेरे विचार से ऐसा करना हमारे लिये मूर्खतापूर्ण होगा। सभा को अपने निर्णय करने का अधिकार होना चाहिये और मैं निवेदन करता हूं कि हम किसी समिति को विधान बनाने के अधिकार नहीं सौंप सकते चाहे उसमें कितने ही महान् विशेषज्ञ क्यों न हों। हमने उनके काम को देखा है, हम उनके किये गये काम के लिये उनके कृतज्ञ हैं, परन्तु हमारा यह अनुभव है कि विशेषज्ञों को भी हटा देना पड़ता है जबकि जो विषय वे उपस्थित करते हैं सभा के समक्ष आता है।

शुक्रवार, 29 अगस्त 1947

इस साम्प्रदायिक प्रस्ताव का हम विरोध करते हैं

अध्यक्ष माहोदय, सभा के समक्ष जो प्रस्ताव रखा गया है, उसका मैं तीव्र विरोध करता हूं। मैं उसे संकटपूर्ण, अपकारी तथा साम्प्रदायिक समझता हूं। उसमें अनोखा तर्क है और वह साधारण गणितज्ञान से शून्य है। यह तर्क उपस्थित किया गया है कि प्राप्त हुये सर्वोत्तम अनुमान के अनुसार 2 और जनरल तथा 2 और सिख सदस्य बढ़ा दिये जायें, तथा प्रस्ताव के वाक्यखंड में हमें बताया गया है कि वर्तमान प्रतिनिधित्व 6 जनरल, 4 मुसलमान और 2 सिखों का है। मैं अपने माननीय मित्र से पूछना चाहूंगा कि उन्होंने यह क्यों नहीं सुझाया कि मुसलमान प्रतिनिधियों को कम कर दिया जाये? यह पहला प्रश्न है। यदि मुसलमान पूर्वी पंजाब को छोड़ चुके हैं और अन्यत्र चले गये हैं, तो उनके तर्क के अनुसार - उस तर्क के आधार पर जो उन्होंने सिख और हिन्दुओं के पक्ष में उपस्थित किया है - वास्तव में वही तर्क इस ओर भी लागू होना चाहिये। मैं कहता हूं कि श्रीमानु, जी, यह संकटपूर्ण है। मेरे मित्र श्री दास ने अभी बताया है कि अखिल भारतीय आधार पर इसे विचारना चाहिये और हमें अनिश्चित आधार पर कार्य नहीं करना चाहिये। समस्त देश में जनगणना होनी चाहिये। मेरे प्रांत बिहार को ही लीजिये। यह हम कैसे जानें कि हमें और प्रतिनिधित्व की आवश्यकता नहीं है? बिहार में पूर्वी बंगाल या पश्चिमी पंजाब से या अन्य स्थानों से कितने मनुष्य आये हैं? मैं नहीं समझता कि ऐसे अनुमानों पर हम कार्य कर सकते हैं। वे केवल अनुमान ही हैं। यह परिषद् केवल जनगणना के अंकों को ही स्वीकार कर सकती है। जब तक समस्त भारत की जनगणना न की जाये और जब तक कि हम मुसलमानों की यथार्थ संख्या न जानें और प्रत्येक प्रांत में जो उनकी संख्या में परिवर्तन हुआ है, उसे न जान लें या अन्य लोगों के परिवर्तन को न समझें - मैं नहीं समझता कि तब तक इस सभा का इस प्रस्ताव को स्वीकार करना बुद्धिमत्तापूर्ण होगा। मैं इस प्रस्ताव को अपकारी तथा साम्प्रदायिक समझता हूं।

मंगलवार, 27 जनवरी 1948

हम अपने धार्मिक विशेषाधिकारों का परित्याग करने के लिये बिल्कुल तैयार नहीं हैं

उपाध्यक्ष महोदय, मैं नहीं जानता हूं कि आपके सामने मेरा यह निवेदन नियमानुकूल है या नहीं कि इस संशोधन को तब तक स्थगित किया जाये जब तक कि हम परामर्शदातृ समिति की उन सिफारिशों पर विचार न कर लें, जो उसने विशेषकर वनजाति-क्षेत्रों के सम्बन्ध में की हैं। अभी तक परामर्शदातृ समिति तथा उप-समितियों की सिफारिशों पर इस सभा में पूर्ण वाद-विवाद करने का अवसर नहीं दिया गया है। इसलिये अभी मैं बारीकियों में नहीं जाना चाहता परन्तु इस प्रकार के संकल्प तथा संशोधनों के विरोध करने के लिये मैं कटिबद्ध हूं।

प्रजातंत्रात्मक तथा असाम्प्रदायिक राज्य की स्थापना तथा दैवी सत्ता के हमारे आन्तरिक विरोध के बारे में हम लोग पर्याप्त से अधिक लम्बी-चौड़ी बातें सुन चुके हैं। किन्तु इस प्रावधान द्वारा श्रीमान्, इस देश की प्राचीनतम जाति के धार्मिक अधिकारों में हम छिपी रीति से हस्तक्षेप करने में प्रयत्नशील हैं। आप हंस सकते हैं किन्तु किसी भी वस्तु की अति ठीक नहीं होती। यदि आप बहुत चावल खा जायेंगे तो आपके लिए खराबी होगी। ऐसी अनेकों वस्तुएं हैं जिनका आप अति-सेवन करते हैं। पर यदि आप किसी भी वस्तु का उचित अनुपात में सेवन करें तो वह आपके लिये लाभदायक होगी। मदिरा-पान का अति में प्रयोग होता है जिससे किसी को भी लाभ नहीं होता, परन्तु हमें यह याद रखना चाहिये कि हम शीघ्रता में विधान में कोई ऐसी बात न रख दें जिससे जितनी कटुता वर्तमान है उससे भी अधिक कटुता हो जाये।

परामर्शदातृ समिति में हमारे वाद-विवाद के अन्तर्गत मौलाना अबुल कलाम आजाद ने मुझ से सीधा प्रश्न किया था और वह यह थाः ''क्या यह मजहबी चीज है?'' उस अवसर पर परामर्शदातृ समिति के प्रधान माननीय सरदार पटेल ने मुझे स्थिति स्पष्ट करने का अवसर दिया था।

जहां आदिवासियों का सम्बन्ध है चावल तथा बीयर के बिना

उनका कोई भी धार्मिक कृत्य नहीं हो सकता है। जिन शब्दों का यहां प्रयोग किया गया है वे हैं ''नशीले पेय पदार्थ''। श्रीमान्, यह वस्तु वर्णन का बड़ा अस्पष्ट ढंग है। दूसरे शब्द जो यहां दिये हुये हैं वे हैं: ''स्वास्थ्य के लिये हानिकर''। मेरे मित्र शिब्बनलाल ने यह सिद्ध करने का प्रयास किया है कि मद्य-निषेध से आर्थिक क्षेत्र में कार्य कुशलता की वृद्धि होती हैं वे सोचते हैं कि यदि मद्य-निषेध लागू हो जायेगा तो श्रमिकों की आर्थिक उन्नति होगी। मुझे विश्वास है कि आर्थिक उन्नति होगी। परन्तु मैं उनसे यह कहना चाहता हूं कि केवल उद्योग से सम्बन्धित श्रमिकों पर ही जो कि उनके ध्यान में विशेष रूप से हैं इसका प्रभाव नहीं पड़ेगा। मैं उनको बहुत ही गरीब लोगों-आदिवासियों की स्थिति को बताना चाहता हूं और आदिवासियों के सम्बन्ध में जो कुछ मैं कहूंगा उसको पश्चिमी बंगाल तथा अन्य स्थानों से आये हुये सदस्य स्वीकार करेंगे। पश्चिमी बंगाल, दक्षिणी बिहार, उड़ीसा तथा अन्य स्थानों में आदिवासियों की बहुत बड़ी संख्या है। उदाहरणस्वरूप यदि सथाल को चावल की बीयर न मिले तो पश्चिमी बंगाल में धान की पौध रखना असम्भव हो जायेगा। इन कुछवेशधारी व्यक्तियों को अपने निरे आवश्यक उपकरणों ही पूर्ति के अभाव में भी समस्त दिन मूसलाधार वर्षा और कीचड़ में, घुटने-घुटने पानी में काम करना पड़ता है। चावल की बीयर में ऐसी कौन सी वस्तु है जो उनको जीवित रखती है? मेरी इच्छा है कि इस देश के भैषजीय प्राधिकारीगण अपनी प्रयोगशालाओं में यह मालूम करने के लिये अनुसंधान करें कि वह कौन सी वस्तु चावल की बीयर में है जिसकी आदिवासियों को इतनी आवश्यकता है और जो उनको सर्व प्रकार के रोगों से मुक्त रखती है।

श्रीमान्, मैं इस कारण इस संशोधन का विरोध नहीं कर रहा हूं कि मैं मदिरा-पान को देश में बढ़ाना चाहता हूं। मैं यह देखने के लिये उत्सुक हूं कि आदिवासी इस मदिरा-पान के व्यसन से अपने आपको हानि न पहुंचायें। परन्तु यह धार्मिक आवश्यकता तथा धार्मिक कृत्यों में मद्य के विशेष प्रयोग से सर्वथा परे है; हम उन्हें संयम युक्त जीवन व्यतीत करने की शिक्षा देंगे। मैं इस सबका समर्थक हूं। परन्तु यह संशोधन हानिकर है। यह मेरे धार्मिक अधिकारों में हस्तक्षेप करने का प्रयास करता है। आप इसे चाहे विधान में रखें या नहीं परन्तु मैं अपने

धार्मिक विशेषाधिकारों का परित्याग करने के लिये उद्यत नहीं हूं। (वाह, वाह)

श्रीमान्, यदि आप मुझे क्षमा करें तो मैं इस सब की व्याख्या उस समय करूंगा जब कि हम उन सिफारिशों पर विचार करेंगे जो परामर्शदातृ समिति ने परिगणित वनजातियों तथा अन्य बातों के सम्बन्ध में की हैं। इस समय यह ठीक नहीं है कि मैं बारीक बातों में जाऊं। यहां तो मैं माननीय सदस्यों को केवल यह बताना चाहूंगा कि शीघ्रता न करना ही अच्छा है और मैं आपसे यह निवेदन करूंगा कि इस संशोधन को तब तक के लिए स्थगित कर दिया जाये जब तक कि हम परामर्शदातृ समिति द्वारा परिगणित वनजातियों तथा अनुसूचित क्षेत्रों के सम्बन्ध में की गई सिफारिशों पर विचार न कर लें; क्योंकि यदि हम अभी इस विषय पर निश्चय कर लेंगे तो हम स्वयं एक त्रुटि करेंगे। हम एक बहुत ही महत्त्वपूर्ण और वर्तमान समय में एक असहाय राजनैतिक अल्पसंख्यक दल के साथ अन्याय करेंगे। यद्यपि वे 3 (तीन) करोड़ हैं परन्तु उनमें ऐसे केवल एक दर्जन ही होंगे जो यहां उनकी ओर से बोल सकते हैं। यह एक ऐसा निर्णय है जिसको कि लोगों की इच्छाओं पर निर्भर रखना चाहिये। हम कठिन समय में से गुजर रहे हैं। हमारे लिये यह ठीक नहीं कि इन कठिनाइयों को हम और बढ़ायें। श्रीमान्, मुझे इससे अधिक और कुछ कहने की आवश्यकता नहीं है कि मैं इस संशोधन का विरोधी हूं और आपसे मेरा यही नम्र निवेदन है कि इस संशोधन पर आगे विचार तभी किया जाये जब कि हम परिगणित वनजातियों तथा अनुसूचित क्षेत्रों के सम्बन्ध में निर्णय कर लें।

बुधवार, 24 नवम्बर 1948

'आदिवासी' शब्द को विलोपित करने के सम्बन्ध में मैं डॉ. अम्बेडकर से स्पष्टीकरण चाहता हूं

उपाध्यक्ष महोदय, जहां तक मेरा सम्बन्ध है यह विशेष अनुच्छेद मुझे किसी प्रकार से भी भयभीत नहीं करता है, यद्यपि अनेकों मौलिक अधिकारों को बहुत से अपवादों द्वारा कण्टकाकीर्ण बना दिया गया है। मेरे लिये तो यह स्पष्ट है कि इस विधान में हम चाहे जो कुछ रखें, उसका मूल्य-हमारे लिये उसका उपयोग-उस विधि पर निर्भर होगा जिस विधि से हम इन बातों को क्रियान्वित करेंगे। परन्तु एक या दो बातें ऐसी हैं कि मैं चाहूंगा कि डॉक्टर अम्बेडकर उन पर प्रकाश डालें।

पहली बात जिसको मैं उनके द्वारा स्पष्ट कराना चाहता हूं वह संशोधन संख्या 491 के सम्बन्ध में है जिसको उन्होंने पेश किया है और जिसमें वे 'आदिवासी' शब्द के स्थान में 'अनुसूचित' शब्द रखना चाहते हैं। श्रीमान्, जब कभी भी ऐसी अवस्था में आदिवासियों पर प्रभाव डालने वाली किसी भी बात पर मुझे वाद-विवाद करना पड़ा है उस समय मेरा अहित ही हुआ है। इसका स्पष्ट कारण यह है कि आदिवासी सम्बन्धी उप-समितियों की दो रिपोर्टों पर इस सभा में पूर्णरूप से वाद-विवाद नहीं हो पाया है, जिसका फल यह हुआ कि सभा अपना सामूहिक दृष्टिबिन्दु न बना सकी अथवा किसी सामूहिक निणर्य तक न पहुंच सकी जैसा कि अन्य समस्त अनुच्छेदों के सम्बन्ध में हुआ है; अर्थात् उन अनुच्छेदों के सम्बन्ध में जो हमारे देश के गैर-आदिवासी लोगों पर प्रभाव डालते हैं।

'आदिवासी' संबंधी प्रश्न को ही लीजिये। जहां तक मुझे विदित है किसी भी उप-समिति ने अनुसूची बनाने के कार्य को नहीं किया है। मुझे यह भली प्रकार विदित है कि जिस उप-समिति का मैं सदस्य था उसने इस प्रकार का कोई भी कार्य नहीं किया और सच तो यह है कि स्वयं मसौदा-समिति ने ही विधान के मसौदे में जो कुछ भी भारतीय सरकार-एक्ट में मिला उसे रख दिया। अब सूची की ओर देखिये।

दूसरी बात जिसके बारे में मैं स्पष्टीकरण कराना चाहता हूं वह यह है कि दोनों उप-समितियों की सिफारिशों में जिन परामर्शदात्री

परिषदों और प्रादेशिक परिषदों का जिक्र है क्या वे तथाकथित अनुसूचित क्षेत्रों के बाहर भी कार्य करेंगी। यदि उनसे बाहर कार्य करने में वे समर्थ न होंगी तो मैं डॉक्टर अम्बेडकर से यह जानना चाहूंगा कि उन आदिवासियों का क्या होगा जो उन अनुसूचित क्षेत्रों से बाहर करोड़ों की संख्या में हैं। जहां तक मैं विधान की भाषा को समझ सका हूं, प्रादेशिक परिषदें और परामर्शदात्री परिषदें गवर्नर को परामर्श देने के लिये हैं या यों कहिये, यदि एक बार यह स्वीकार कर लिया जाता है कि प्रादेशिक समितियां और परामर्शदात्री समितियां अनुसूचित क्षेत्रों से बाहर भी कार्य कर सकती हैं तो मेरा प्रश्न हल हो जाता है।

पश्चिमी बंगाल को लीजिये। जो कुछ प्रस्तावित किया गया है उसके अनुसार पश्चिमी बंगाल में अनुसूचित क्षेत्र नहीं होंगे। पश्चिमी बंगाल में 16 लाख आदिवासी हैं। मैं यह जानना चाहता हूं कि उनके सम्बन्ध में क्या होगा। न तो वहां प्रादेशिक समितियां हैं और न ही वहां परामर्शदात्री समितियां ही होंगी। उनकी भलाई के लिये, इसलिये कि क्या किया जाये और क्या नहीं किया जाये, उनके पक्ष तथा विपक्ष में कौन-सा अधिनियम लागू होगा, इन सब बातों के लिये गवर्नर को कौन मंत्रणा देगा? मैं समझता हूं कि यह एक प्रश्न है जिसे स्पष्ट करना ही चाहिए।

श्रीमान्, आदिवासियों की सूची, जो इस विधान के मसौदे में है, वह बहुत ही असन्तोषजनक है। मैं उसमें से एक या दो उदाहरण दूंगा। श्रीमान् आप स्वयं पश्चिमी बंगाल से आये हैं। बंगाल को तीन प्रान्तों में बांट दिया गया है। संयुक्त बंगाल जो अब - वर्तमान पश्चिमी बंगाल है, बिहार और तत्पश्चात् उड़ीसा। इनकी प्रादेशिक सीमाओं के बारे में अंग्रेजों के अपने निजी कारण थे, किन्तु आज कल आप यह भली प्रकार जानते हैं कि वर्तमान सीमाओं के बारे में तीनों प्रान्तों में से कोई भी सन्तुष्ट दिखाई नहीं देता। पश्चिमी बंगाल बिहार का कुछ भाग चाहता है; बिहार भी पश्चिमी बंगाल का कुछ भाग चाहता है। उड़ीसा भी बिहार से कुछ प्रदेश लेने की रट लगाये हुये है। यह वर्तमान राजनैतिक स्थिति है, परन्तु आदिवासियों पर इसका किस प्रकार प्रभाव पड़ता है? एक प्रकार से आदिवासी सम्बन्धी उप-समिति तो बेकार-सी हो गई है क्योंकि लाखों की संख्या में रियासतों की जनता प्रान्तों में मिला दी गई है।

उड़ीसा के ही प्रश्न को लीजिये। जब आदिवासी सम्बन्धी उप-समिति उड़ीसा गई तो उसे केवल उन क्षेत्रों के सम्बन्ध ही विचार करना पड़ा जो कि पूर्णतः वर्जित अथवा अंशतः वर्जित थे। वर्तमान स्थिति यह है कि लगभग 24 रियासतों को उड़ीसा में मिला दिया गया है और अनेकों अन्य रियासतों को मध्यप्रान्त में मिला दिया गया है। इनमें से बहुत-सी रियासतों में आदिवासी बड़ी-बड़ी संख्याओं में हैं। उनके सम्बन्ध में क्या होगा? जिन-जिन अनुसूचित क्षेत्रों की उप-समिति ने सिफारिश की है वह वास्तव में तुच्छ है। उसमें समस्त आदिवासियों की जनसंख्या नहीं आती है, विशेषकर मध्यप्रान्त और उड़ीसा के दोनों प्रांतों की।

अतः मैं यह चाहता हूं कि डॉक्टर अम्बेडकर मुझे यह स्पष्ट बतायें कि जो कुछ प्रावधान, जो कुछ रियायतें वे इस विधान में रखना चाहते हैं वे उन क्षेत्रों में भी लागू होंगी या नहीं जिनका अनुसूचित क्षेत्रों के अन्तर्गत विशेष कर उल्लेख नहीं किया गया है।

तत्पश्चात् मैं अनुच्छेद 13(1) (ख) अर्थात् 'शान्तिपूर्वक निरायुध सम्मेलन' के बारे में कुछ कहना चाहता हूं। मुझे यह बताना है कि आयुध अधिनियम को आदिवासियों के विरुद्ध बड़े अपकारक रूप में लागू किया गया है। यद्यपि वे अपने जीवन के सामान्य कार्यक्रम के रूप में प्रतिदिन ऐसा करते हैं और वे पीढ़ी-दर-पीढ़ियों से ऐसा करते चले आ रहे हैं और आज भी वे वही कर रहे हैं जो वे पूर्व काल से ही ऐसा कर रहे थे। फिर भी इसी बात से कि आदिवासी धनुष बाण, लाठी अथवा कुल्हाड़ी धारण करते हैं इसीलिये कुछ राजनैतिक दलों ने तो यह धारणा तक बना ली कि वे लोग (आदिवासी) किसी उत्पात के लिये तैयारी कर रहे हैं। मैं आपको उरांवों का उदाहरण दूं। हमारी इस परिषद् में केवल एक उरांव सदस्य हैं। आदिवासियों का उरांव-समूह भारत के आदिवासियों में चौथा बड़ा समुदाय है। आज कल उनके यहां वे उत्सव हो रहे हैं जिनको हम 'जतरा' अथवा मेला कहते हैं। उनके सांस्कृतिक कार्यों के ये वार्षिकोत्सव हैं। उनके यहां एक उत्सव होता है जिसमें उरांव गांव का मुखिया झण्डा लेकर चलता है और शेष जन अपने साथ लाठी लेकर चलते हैं और वे अनेकों अखाड़े या गांवों की ओर जाते हैं। उन लोगों का यह उत्सव है; पीढ़ी-दर-पीढ़ियों से वे इसे सीधे-साधे अहितकर रूप में करते चले आये हैं और अब गत वर्ष तथा गत वर्ष से एक वर्ष पूर्व

हमसे कहा गया कि हम हथियार लेकर उत्सव में न चलें। यह बताने में मुझे कोई संकोच नहीं है कि बिहार के यहां ऐसे अनेकों सदस्य हैं जो अपने घर तक कभी भी वापस नहीं पहुंच सकते, यदि उनके मार्ग में मनुष्यों अथवा आयुधों के सहारे रक्षा न की जाये। अपने देश में हम जंगल में रहते हैं और प्रत्येक व्यक्ति--मैं आपको यह भी बता दूं कि स्त्रियां तक भी--अपने साथ वह वस्तु रखती हैं जिसे कि आयुध कहा जा सकता है, परन्तु आयुध की सच्ची परिभाषा में वे आयुध नहीं हैं। जब कभी हमें सभा करनी हो और यदि लोग अपनी सदैव की वस्तुओं को साथ लेकर आवें तो मैं जानता हूं कि क्या उससे यह अर्थ लगाया जायेगा कि हम अशांतिपूर्वक सम्मेलन कर रहे हैं और गैर-कानूनी प्रयोजन के लिये आयुध-धारण किये हुये हैं। इन प्रश्नों का, श्रीमान्, मैं स्पष्टीकरण चाहता हूं।

मैं एक और उदाहरण दूंगा। प्रत्येक सात वर्ष के पश्चात् छोटा नागपुर में यह प्रथा है कि वे एक उत्सव मनाते हैं जिसे वे 'एरा सेन्दरा, जनी शिकार' कहते हैं। प्रत्येक सात वर्ष के पश्चात् स्त्रियां पुरुषों के समान वेष धारण करती हैं और जंगल में शिकार करती हैं। याद रखिये पुरुषों के समान वेष धारण करके। वह एक ऐसा अवसर है जब कि स्वभावतः स्त्रियां पुरुषोचित पराक्रम का प्रदर्शन करना चाहती हैं। वे पुरुषों के समान आयुध धारण करती हैं--तीर, कमान, लाठी, बेला इत्यादि। श्रीमान्, विधान में इस विशेष अनुच्छेद के अनुसार सरकार यह अर्थ लगा सकती है कि प्रत्येक सात वर्ष के पश्चात् स्त्रियां किसी संकटास्पद प्रयोजन के लिये एकत्रित होती हैं। मैं सभा से आग्रह करता हूं कि वह ऐसा कोई काम न करे जिससे सीधी-सादी जनता में उथल-पुथल पैदा हो। हमारे देश में बहुत ही शान्त स्वभाव के नागरिक हैं और हमें किसी ऐसे काम के करने में, जिसके प्रति उन्हें भ्रम हो जाये और जो उत्पात का कारण हो जाये, बहुत ही सचेत रहना चाहिए।

श्रीमान्, जैसा कि मैं कह चुका हूं इस विशेष अनुच्छेद को स्वीकार करने में मुझे कोई आपत्ति नहीं है, परन्तु मैंने सोचा कि इन दो विशेष प्रश्नों पर मैं डॉ. अम्बेडकर के स्पष्ट विचार जानने का प्रयास करूं।

बृहस्पतिवार, 2 दिसम्बर 1948 ई.

मातृभाषाओं को पीड़ित
और वंचित नहीं किया जाये

उपाध्यक्ष महोदय, मैं बड़े हर्ष से इस अनुच्छेद का स्वागत करता हूं, विशेषतया इसलिये कि उसमें डॉ. अम्बेडकर ने यथोचित संशोधन कर दिया है। मुझे आशा है कि उस संशोधन को यह सभा स्वीकार कर लेगी। श्रीमान्, मेरी दृष्टि से इस अनुच्छेद से भारत के लिये एक नये युग का प्रादुर्भाव होता है। हाल में एक-भाषा-भाषी प्रान्तों के बारे में बहुत-कुछ कहा गया है और पश्चिमी बंगाल के मेरे मित्र अभी संकेत कर चुके हैं कि इस अनुच्छेद द्वारा प्रान्तों की सीमाओं के पुनर्निर्धारण और नये प्रान्तों के निर्माण के लिये मार्ग खुल जाता है।

श्रीमान्, मैं इस अनुच्छेद पर इस दृष्टि से विचार नहीं कर सकता। मैं इससे सहमत नहीं हूं कि केवल भाषा के आधार पर ही प्रान्तों का निर्माण होना चाहिये। अन्य बातों पर भी विचार किया जाना चाहिये। शासन प्रबन्ध की सुविधा, भौगोलिक स्थिति तथा आर्थिक अवस्था आदि पर भी विचार किया जाना चाहिये और तभी भाषा-सम्बन्धी तर्क को उतना महत्त्व दिया जा सकता है, जितना कि उसे वे लोग देना चाहते हैं, जिनको इसका खेद है कि वे किसी प्रान्त-विशेष में भाषा की दृष्टि से अल्पसंख्यक हैं मुझे आशा है कि इस सभा द्वारा इस अनुच्छेद के स्वीकार किये जाने पर सभी प्रान्तीय सरकारें इसकी भावना को तुरन्त ही व्यवहार में लायेंगी। उन्हें उस समय तक प्रतीक्षा करने की आवश्यकता नहीं है जब कि यह पूरा विधान अस्तित्व में आ जाये। मेरे प्रदेश में इस समय भी बहुत ही अहितकर भाषा-सम्बन्धी संघर्ष हो रहा है। मेरे निवासस्थान छोटा नागपुर में वह विकरालरूप ग्रहण कर रहा है और भाषा के आधार पर एक टुकड़े को पूर्व की ओर तो एक टुकड़े को दक्षिण की ओर और एक टुकड़े को पश्चिम की ओर ले भागने का प्रयास हो रहा है। इसे बिल्कुल भी ध्यान में नहीं रखा जाता कि इसके अतिरिक्त अन्य कारणों पर भी विचार करना आवश्यक है जैसे कि एक प्रश्न यह है कि शासन-प्रबन्ध की दृष्टि से अमुक-अमुक भाग को उस प्रदेश से

अलग करना चाहिये या नहीं। मेरा यह अनुरोध है, और मैं पहले भी अन्यत्र यह अनुरोध कर चुका हूं कि नये प्रान्तों के निर्माण और सीमाओं के पुननिर्धारण के लिये केवल भाषा का ही तर्क कोई महत्त्व नहीं रखता। मुझे आशा है कि मेरा प्रदेश विशेषतया- बिहार, उड़ीसा और पश्चिमी बंगाल के प्रदेश - अब इस भाषा के प्रश्न को नई दृष्टि से हल करेंगे। उदाहरणार्थ, बिहार में बंगाली भाषी लोगों की हमेशा से यह शिकायत रही है कि उनके साथ प्रान्त के हिन्दी भाषी लोग दुर्व्यवहार करते रहे हैं। श्रीमानू, पहले बहुत कुछ हुआ है और वह एक दुःखद अध्याय है, परन्तु अब मुझे आशा है कि इस विशेष अनुच्छेद के विधान में स्थान पा जाने से एक-भाषा-भाषी अल्पसंख्यकों को भी यह विश्वास हो सकता है कि उनका भविष्य उज्जवल है और उन्हें अपनी भाषाओं के संरक्षण तथा विकास के लिये पर्याप्त अवसर मिलेगा।

श्रीमानू जब हम भाषाओं की चर्चा करते हैं तो हमें उन भाषाओं का ध्यान आता है जो उन्नत हैं और जिनकी अपनी लिपि आदि हैं। मेरा यह अनुरोध है कि जिन भाषाओं की अपनी लिपि नहीं है उनके भी संरक्षण की आवश्यकता है और प्रोफेसर शाह के संशोधन के शब्दों में उन्हें भी समुन्नत बनाने की आवश्यकता है। भाषा-सम्बन्धी गणना के सम्बन्ध में हमें जो आंकड़े दिये गये हैं उन्हें देखने से मुझे यह पता लगता है कि इस देश की भाषाओं को पांच मुख्य विभागों में विभाजित किया गया है और आदिवासी भाषाओं को एक पृथक विभाग में रखा गया हैं। मुंडारी समूह की भाषाओं को ही लीजिये। आंकड़ों से मुझे यह ज्ञात होता है कि पचास लाख लोग मुंडारी भाषा बोलते हैं। इस सभा में कितने ऐसे सदस्य हैं जो यह जानते हैं कि मुंडारी एक परिपक्व भाषा है और उसमें एक विश्व-कोष है जिसके 14 खण्ड हैं? फिर भी क्या यह कहा जा सकता है कि मुंडारी-भाषी क्षेत्रों में उस भाषा को प्रोत्साहित किया जा रहा है?

क्या यह सच नहीं है कि प्रत्येक शासक-वर्ग देश की भाषा को गिराने का प्रयास करता रहा है? हमने देखा है कि यदि कोई राजा उड़िया था तो उसने अपने राज्य के लोगों पर उड़िया भाषा को ही लादा। अंग्रेज आये और उन्होंने अंग्रेजी को हमारे गलों के नीचे उतारने का प्रयास किया। यह भी हो सकता है कि बंगाली-भाषी प्रदेशों में बंगाली पर ही

जोर दिया जाता हो। श्रीमान्, मैं इसे स्वीकार करता हूं कि प्रत्येक व्यक्ति को अपने प्रान्त की भाषा सीखनी चाहिये। हमें अभी इसका निर्णय करना है कि हमारी राष्ट्र-भाषा क्या होगी। हममें से प्रत्येक व्यक्ति को उस भाषा को सीखना चाहिये। मैं यह अनुरोध करना चाहता हूं कि भाषाओं का संरक्षण तथा उनकी समुन्नति होनी चाहिये। मैं यह अनुभव करता हूं कि इस व्यवस्था से कई लोगों को विशेषतया आदिवासियों को तीन भाषाएं सीखनी पड़ेंगी अर्थात् उन्हें अपनी भाषा सीखनी होगी, प्रान्तीय भाषा सीखनी होगी, और राष्ट्र-भाषा सीखनी होगी। परन्तु मेरे विचार से इससे अधिक भार न पड़ेगा। आखिर मातृभाषा को बोलने में तो अधिक प्रयास नहीं करना पड़ता परन्तु मुख्य बात यह है कि जिन प्रान्तों में एक भाषा-भाषी अल्पसंख्यक हैं, यद्यपि मुझे इन शब्दों से घृणा है, उनको ऐसी भाषाओं के संरक्षण तथा समुन्नति के लिये, जो इस योग्य हैं, कोई ठोस कार्य करना चाहिये।

इसमें संदेह नहीं है कि कुछ भाषाएं मिट जायेंगी। मेरे विचार से किसी ऐसी भाषा को जीवित रखना निरर्थक है जो स्वयं सजीव न हो और जो अन्य भाषाओं की तुलना में अपने पैरों खड़ी न हो सकती हो। मैं उन भाषाओं के पक्ष में नहीं बोल रहा हूं जो किसी काल में प्रयुक्त रहीं और फिर मिट गईं, परन्तु मेरे मस्तिष्क में वे भाषाएं हैं जो सहस्त्रों वर्षों के बाद भी सजीव हैं और यदि उन्हें उन्नत बनाया जाये तो उनके द्वारा भूतकाल के कई विषयों के सम्बन्ध में शिक्षा दी जा सकती है। मैं एक उदाहरण दूंगा। हम प्राचीन भारतीय इतिहास के सम्बन्ध में बहुत कम जानते हैं। इसका मुख्य कारण यह है कि इस देश के प्राचीन निवासियों की भाषाओं का नये आने वाले लोगों ने अध्ययन नहीं किया। यह एक दुःख की बात है कि आदिवासियों की भाषाओं का अध्ययन विदेशियों ही ने किया है। आज शायद ही किसी प्रान्त का प्रधान मंत्री अपने प्रान्त के अधिकांश आदिवासियों की भाषा बोल सकता है। शायद ही इस देश में कोई मन्त्री ऐसा हो जो आदिवासियों की किसी भाषा को बोल सकता हो। यदि हम आर्यों से पहले की इन भाषाओं को उन्नत बनाएं तो हमें 'असुर' जैसे कई ग्रन्थों से आर्य भाषा-भाषी लोगों के आदिकाल के बारे में कई बातें ज्ञात हो जायेंगी। हमें प्राचीन काल में अपने देश तथा देशवासियों की अवस्था के बारे में अब भी बहुत कुछ

जानना है। अनुच्छेद 23 को कई दृष्टिकोणों से देखा जा सकता है।

श्रीमान्, मैं इस अनुच्छेद का बड़े हर्ष से स्वागत करता हूं और मुझे आशा है कि विधान के प्रभाव में आने के पहले ही प्रान्तीय सरकारें इस अनुच्छेद की भावना के अनुसार कार्य करेंगी ताकि भाषा-सम्बन्धी संघर्ष के कारण प्रान्तों में जो कटुता उत्पन्न हो गई है वह धीरे-धीरे समाप्त हो जाये और सभी एक-भाषा-भाषी अल्पसंख्यक यह समझने लगेंगे कि उनकी भाषाओं पर आघात न होगा और वे अपनी इच्छानुसार अपनी भाषाओं को उन्नत बना सकते हैं और यह कि उनकी भाषा का देश में समुचित स्थान है।

बुधवार, 8 दिसम्बर 1948

जिस प्रान्त में भी आदिवासी हों वहां एक आदिवासी मंत्री जरूर होना चाहिए

श्रीमान्, मैं प्रस्ताव करता हूं:
"कि अनुच्छेद 144 के खंड (1) में 'State of' इन शब्दों के पश्चात् 'Bombay' शब्द जोड़ दिया जाये।"

श्रीमान्, मेरे इस विलम्बित संशोधन की अनुमति देने के लिये मैं आपका अत्यन्त आभारी हूं। आसाम के प्रांत के विषय में अनुसूची में पहले ही पर्याप्त उपबंध कर दिया गया है, किन्तु बम्बई को छोड़ दिया गया है। जब आदिवासी उप-समिति समवेत हुई थी, तब राज्यों के विलय का अंतिम निर्णय नहीं हुआ था। कई राज्यों के विलय के फलस्वरूप बम्बई में 44 लाख की जनसंख्या बढ़ गई है और उसमें से बहुत से आदिवासी समुदाय के और पिछड़ी हुई जातियों के लोग भी होंगे। मेरा सुझाव है कि बम्बई को भी इस अनुच्छेद में समाविष्ट कर लेना चाहिये, जिससे कि उस प्रांत में भी एक ऐसा मंत्री हुआ करे, जो अपने अन्य कर्त्तव्यों के अतिरिक्त आदिवासियों और अन्य पिछड़ी हुई जातियों के लिये विशेष ध्यान दे सके।

मेरे माननीय मित्र श्री सिध्वा आसाम के विषय में जानना चाहते थे। मैं उनका ध्यान संविधान के मसौदे के पृष्ठ 185 की ओर आकृष्ट करना चाहता हूं, जहां वे देखेंगे कि असम के लिये पर्याप्त उपबंध कर दिया गया है। मुझे अपने संशोधन के विषय में अधिक कहने की आवश्यकता नहीं है। यह चीज भूल से छूट गई है और मुझे आशा है कि डॉ. अम्बेडकर मेरे संशोधन को स्वीकार कर लेंगे।

बुधवार, 1 जून 1949

देश के विभाजन के लिये आदिवासी उत्तरदायी नहीं हैं, उनका अधिकार तो सारे भारत पर है

अध्यक्ष महोदय, यह एक बहुत दुर्भाग्य की बात है कि इस सभा को दो आदिवासी समितियों की सिफारिशों पर विचार विमर्श करने का अवसर ही नहीं मिला। मुझे ज्ञात है कि अल्पसंख्यक समिति के प्रतिवेदन पर विचार होते समय इस विषय पर दो दिन तक बहस होती रही कि अनुसूचित जातियों और मुसलमानों के लिये स्थान रक्षित रखने चाहिये या नहीं। उस समय केवल मुलसमानों के प्रश्न पर ही बहस होती रही। जब मैंने प्रतिवेदनों का प्रश्न उठाया था तो आपने कृपा करके कहा था कि सभा उन प्रतिवेदनों पर भविष्य में विचार करेगी। किन्तु यदि सभा की यह इच्छा हो कि अनुसूचित जनजातियों के सम्बन्ध में बहस न हो तो मुझे इसके अतिरिक्त और कोई आपत्ति नहीं है कि इन दो उप समितियों के सभापतियों को यह स्पष्ट करने का अवसर नहीं मिलेगा कि उन्होंने विशेष प्रकार की सिफारिशें क्यों की हैं और यह बहुत दुर्भाग्य की बात होगी।

उदाहरणार्थ उस उपसमिति की सिफारिशों को लीजिये जिसका मैं भी एक सदस्य था और जिसके सभापति समाज सुधारक माननीय श्री ठक्कर थे। समय आने पर हम उन उपबन्धों पर विचार करेंगे जिनकी इस उपसमिति ने सिपफारिश की है। इन सिफारिशों की व्यवस्था अन्य कोई व्यक्ति क्यों करे? मेरे विचार से अच्छा यही होगा कि इन पर विचार विमर्श होता ताकि जो जांच-पड़ताल की गई है उसकी जानकारी सदस्यों को हो जाती और वे यह समझ जाते कि इस उपसमिति ने कुछ विशेष निर्णय क्यों किये और मैंने अल्पसंख्यकों की ओर से मतभेद का एक लेख क्यों प्रस्तुत किया और मेरे मित्र श्री देवेन्द्र नाथ सामन्त मेरे मतभेद के लेख से क्यों सहमत हुए इत्यादि। इस वाद-विवाद में इन सभी विषयों पर विस्तारपूर्वक विचार विमर्श हो जाता और बहस में भाग लेने के पूर्व और सिफारिशों के पक्ष में अथवा विपक्ष में मत देने के पूर्व सदस्य समझ सकते कि इस उपसमिति को आदिवासियों के सम्बन्ध में किन कठिनाइयों

का सामना करना पड़ा।

इतना कहने के पश्चात्, मैं डॉ. अम्बेडकर को उनके उस नवीन संशोधन के लिये बधाई देता हूं, जिसे उन्होंने आज उपस्थित किया है। जैसा कि मैं पहले कह चुका हूं, यदि किन्हीं लोगों को भारत में राज करने का अधिकार है तो आदिवासियों को ही है। वे प्रथम श्रेणी के भारतीय हैं और अन्य लोग दूसरी, तीसरी चौथी अथवा किसी अन्य श्रेणी के भारतीय हैं। मेरे विचार से जब हम स्थानों के आरक्षण जैसे प्रश्नों को उठायें तो हमें इस स्थिति को समझना चाहिये।

श्रीमान, हम किसी प्रकार की भीख नहीं मांग रहे हैं। मैं यहां भीख मांगने नहीं आया हूं। बहुसंख्यक समुदाय ने पिछले छह हजार वर्षों में जो पाप किये हैं उनके लिये उसे प्रायश्चित करना चाहिये। इसका निर्णय वे करें कि भूतपूर्व शासकों ने इस देश के आदिवासियों के साथ न्याय किया है या नहीं। भविष्य उज्ज्वल हो सकता है। जो बीत गया है उसे बीता हुआ ही समझना चाहिये। हमें यह समझना चाहिये कि हमारा भविष्य उज्ज्वल होगा और भविष्य में लोगों के प्रति न्याय होगा तथा उन्हें अवसर समता प्राप्त होगी।

एक माननीय सदस्य महोदय ने कहा कि उन्हें इसकी प्रसन्नता है कि मुसलमानों और ईसाइयों ने त्याग किया है और उन्होंने स्थानों के रक्षण का परित्याग किया है। श्रीमान, आदिवासी किसी वस्तु का त्याग नहीं कर रहे हैं क्योंकि उन्हें कभी कोई वस्तु प्राप्त ही नहीं रही। यह एक आश्चर्य की बात है कि ऐसे लोग लोकतंत्र की चर्चा करें जिनका पहले हमेशा लोकतंत्र विरोधी आचरण रहा हो। सामान्य समुदाय ने इन पिछड़े हुए लोगों के लिये पहले क्या किया है? क्या कभी कोई ऐसी विधि प्रवर्त्तन में रही है, जिसके उपबन्धों के अधीन के जनसंख्या के आधार पर निश्चित किये हुए स्थानों के अतिरिक्त अन्य स्थानों के लिये आदिवासियों को खड़ा नहीं कर सकते थे?

बिहार का ही उदाहरण लीजिये। बिहार में 41 लाख आदिवासी हैं किन्तु वहां की विधान सभा में केवल 7 आदिवासी सदस्य हैं। क्या किसी समान्य स्थान के लिये कांग्रेस के लोगों ने एक आदिवासी को भी खड़ा किया? जी नहीं। मध्यप्रान्त और बरार का उदाहरण लीजिये, वहां राज्यों के समाविष्ट होने के पूर्व 29 लाख आदिवासी थे किन्तु उनके लिये

कवेल एक स्थान रखा गया था। समाविष्टि के पश्चात् वहां की जनसंख्या में 28 लाख की वृद्धि हो जायेगी, जिनमें से अधिकांश लोग आदिवासी होंगे। मैं प्रत्येक प्रान्त के सम्बन्ध में यही सब कह सकता हूं। बम्बई जैसे प्रान्त में भी आदिवासियों के लिये एक ही स्थान रक्षित है यद्यपि राज्यों के समाविष्ट होने के पूर्व वहां आदिवासियों की जनसंख्या 16 लाख थी और अब समाविष्टि के कारण वहां की जनसंख्या 44 लाख बढ़ जाने से यह संख्या दूनी हो जायेगी। यह उस प्रान्त की बात है जहां के प्रधान मंत्री आदिवासियों के हितसाधन के लिये उनके बीच कई वर्षों तक कार्य करते रहे हैं। वे वहां के आदिवासी सेवा मंडल के अध्यक्ष रहे हैं और प्रधान मंत्री होने के पूर्व उन्होंने जो कार्य किया था उसे देखने का मुझे सुअवसर प्राप्त हुआ है। प्रधान मंत्री होने के पश्चात् उन्हें उस काम के लिये उतना समय नहीं मिला जितना पहले मिलता था।

ऐसे प्रान्त में भी जहां बहुसंख्यक दल का इतनी सहानुभूति रखने वाला नेता है, किसी प्रकार की उदारता नहीं दिखाई है। लोग लोकतंत्र की चर्चा करते हैं। उन्हें अपने दिलों को टटोल कर देखना चाहिये। कौन-सी ऐसी बात है जिसके कारण ये लोग इन आदिवासियों को जंगलों के कारागारों से मुक्त करके विधान-मंडलों में स्थान नहीं दे सकते? इन लोगों को विधान-मंडलों में तथा सार्वजनिक जीवन की अन्य संस्थाओं में स्थान न देकर ये लोग अपनी संकुचित दृष्टि, उदासीनता तथा विरोधी भावनाओं के लिये क्या सफाई देते हैं? यह अत्यंत आवश्यक है कि इन लोगों को अपने जंगल के कारागारों से निकल आने के लिए बाध्य किया जाये। इसी उद्देश्य की पूर्ति के लिये स्थानों के रक्षण की आवश्यकता है। यदि आप देश में एकता चाहते हैं तो हम सभी को मिल-जुलकर रहना चाहिये।

श्रीमान, इस सम्बन्ध में मैं आपके उन शब्दों को उद्धृत करना चाहता हूं जो आपने नौ वर्ष पूर्व उस अवसर पर कहे थे अब आप रामगढ़ की कांग्रेस की स्वागत-समिति के सभापति थे। मैं संदर्भ की उपेक्षा करके किसी उद्धरण को नहीं देना चाहता। मेरे विचार से आपने उस अवसर पर जो कुछ कहा था उससे मैं जो कुछ व्यक्त करना चाहता हूं वह सिद्ध हो जाता है। आपने कहा थाः

"बिहार के उस भाग की, जहां आज यह महान सभा हो रही है अपनी कुछ विशेषताएं हैं। इसका सौन्दर्य अद्वितीय है। इसका इतिहास भी अद्भुत है। इस भाग के निवासी अधिकतर वे लोग हैं जो भारत के आदिवासी कहे जाते हैं। उनकी सभ्यता अन्य लोगों की सभ्यता से बहुत भिन्न है। प्राचीन वस्तुओं की खोज से यह प्रमाणित हुआ है कि यह सभ्यता बहुत प्राचीन है। आदिवासियों का वंश (आस्ट्रिक) आर्यवंश से भिन्न है और इस वंश के लोग भारत के दक्षिण-पूर्व में बहुत दूर-दूर तक कई द्वीपों में बसे हुए हैं। इस भाग में उनकी संस्कृति अन्य स्थानों की अपेक्षा अधिक सुरक्षित है। यह बात नहीं है कि आर्यों और आदिवासियों का कभी रक्त-सम्बन्ध हुआ ही न हो। वास्तव में उनके बीच बहुत रक्त-सम्बन्ध और आदान-प्रदान हुए। आर्यों ने उनसे बहुत सी बातें ग्रहण की और उन्होंने आर्यों से बहुत सी बातें ग्रहण कीं। किन्तु इन सब बातों के होते हुए भी वे अलग ही रहे। विशेषज्ञों की यह सम्मति है कि बिहारियों का रंगरूप, उनकी खोपड़ियों की बनावट और उनकी भाषा भी यह प्रमाणित करते हैं कि उन पर आदिवासियों का प्रभाव पड़ा है। आदिवासियों ने बिहारियों पर अपना प्रभाव डाला और उन्होंने उनकी संस्कृति और भाषा को बहुत अंश में स्वीकार कर लिया।"

उनकी यह विशेषता है। भारत के कुछ भागों में बहुत रक्त-संबंध हुए हैं और इसका यह परिणाम हुआ है कि उनमें से बहुत से लोग हिन्दू सम्प्रदाय में सम्मिलित हो गये हैं। किन्तु कुछ भागों में ऐसा नहीं भी हुआ है। किन्तु प्राचीन लोगों और नवागन्तुकों में संघर्ष भी रहा है। जब आर्यों के गिरोह के गिरोह इस देश में आये तो स्वभावतः उनका स्वागत नहीं किया गया और वह इस कारण कि वे आक्रान्त थे। किन्तु उनकी एक अटूट धारा प्रवाहित हुई और उन्होंने आदिवासियों को दूर के स्थानों में भगा दिया। आर्य लोग गंगा के उपजाऊ मैदानों में बस गये और उन्होंने आदिवासियों को निकाल बाहर किया। चूंकि इन लोगों ने आर्यों का स्वागत नहीं किया इसलिये इन्हें जंगलों में जाकर रहना पड़ा। चूंकि पहाड़ी प्रदेशों में आर्य आसानी से नहीं जा सकते थे और बस भी नहीं सकते थे इसलिये आदिवासी वहां रहने लगे और आज भी वहीं रहते हैं।

किन्तु अब स्थिति बदल गई है। अब कोई प्रदेश पृथक प्रदेश

नहीं रह गया है। अब हम जहां भी चाहें जा सकते हैं और भविष्य में बहुत से लोग इधर-उधर आने जाने लगेंगे। दिकुओं के विरुद्ध, 'दिकू' शब्द का अर्थ है नवागन्तुक और आदिवासी नवागन्तुकों को दिकू ही कहते हैं, कटु भावना होने का एक कारण यह भी है कि नवागन्तुकों ने सीधे-सादे अनजान आदिवासियों का सदैव शोषण किया। उन्होंने उनकी भूमि लूट ली, उनके अधिकार छीन लिये और उनके स्वच्छंद जीवन यापन करने के स्वातंत्र्य का अपहरण कर लिया। यह स्वाभाविक ही है कि आदिवासियों को ये सब बातें नापसंद हैं। हजारों वर्षों से वे जिस कटुता का पोषण करते आये हैं उसका अन्त होना चाहिये। मुझे इसकी प्रसन्नता है कि नवीन संविधान में पृथक निर्वाचित-क्षेत्रों के लिये कोई व्यवस्था नहीं है।

मैं इसका स्वागत करता हूं कि जब आदिवासी संयुक्त सामान्य निर्वाचित-क्षेत्रों से निर्वाचित होंगे। मैं इसका भी स्वागत करता हूं कि सभा इस सुझाव के सम्बन्ध में एक मत है कि आदिवासियों को केन्द्र तथा प्रान्तों की सरकारों में पद स्वीकार करने के लिये बाध्य किया जाये। अनुच्छेद 292 का यह प्रभाव होगा कि जहां पहले बिहार की विधान-सभा में सात सदस्य होते थे वहां अब लगभग 41 सदस्य होंगे। 41 सदस्य अवश्य ही होंगे क्योंकि उनके लिये 41 स्थान रक्षित किये गये हैं। यदि राजनैतिक दल उदारता दिखाकर आदिवासियों की जनसंख्या के आधार पर निश्चित किये हुए स्थानों से अधिक स्थान देने का निश्चय करे तो उनके अधिक प्रतिनिधि भी आ सकते हैं। मध्य प्रान्त में, जहां इस समय एक ही आदिवासी विधान-सभा का सदस्य है, तीस आदिवासी सदस्य हो सकते हैं। आसाम में, आदिवासियों की जनसंख्या 24 लाख है और उनके लिये केवल नौ स्थान रक्षित किये गये हैं। मुझे स्वयं जनगणना के आंकड़ों से कभी प्रेम नहीं रहा। जब से महासभा राजनैतिक दल का रूप धारण करके संघर्ष करने लगी तबसे जनगणना के आंकड़े कभी भी बच्चे अथवा विश्वसनीय नहीं रहे हैं। अभी भी हमें सच्चाई से वैज्ञानिक तथ्यों को प्राप्त करने की लगन नहीं है। मैं मध्यप्रान्त का उदाहरण देता हूं। वहां की आदिवासियों की जनसंख्या के 1941 के आंकड़ों की अन्य आंकड़ों से तुलना करने से और 1921, 1931 तथा 1941 के आंकड़ों को देखने से ज्ञात होता है कि 1911 में जितनी जन

संख्या थी उससे 1941 में 18 लाख कम हो गई है। मैं यह भली भांति जानता हूं कि आदिवासियों की संख्या विनष्ट नहीं हो रही है। किन्तु बात यह है कि किसी समय गोंडों को हिन्दुओं की श्रेणी में रखा जाता है और किसी समय आदिवासियों की श्रेणी में। प्रत्येक जनगणना में आंकड़े इस प्रकार बनाये जाते हैं। यदि शीघ्र ही इस देश में आंकड़े सच्चाई से और बिना किसी धार्मिक विद्वेष के प्राप्त किये जायेंगे तो उससे उसका हितसाधन होगा। भारतीय विधान-कांग्रेस के अन्तिम अधिवेशन में वैज्ञानिकों ने कहा कि कई लोग जो किसी प्रकार का धार्मिक अथवा राजनैतिक विद्वेष नहीं रखते यह जानना चाहते हैं कि इस देश में तीन करोड़ आदिवासी थे। इसमें कोई सन्देह नहीं कि 1941 की जनगणना में वह संख्या केवल 2 करोड़ 48 लाख रह गई। आप उनकी संख्या इससे पंचगुना मानें या न मानें किन्तु यह एक तथ्य है कि हमारे समाज के किसी भी ऐसे वर्ग को, जो आर्थिक अथवा राजनैतिक दृष्टि से पिछड़ा हुआ है रक्षणों तथा ऐसे उपबन्धों की आवश्यकता है जिनके फलस्वरूप वह सामान्य स्तर पर आने में समर्थ हो सके।

अध्यक्ष महोदय, मैं केवल इसी कारण अनुसूचित जातियों और अनुसूचित आदिम जातियों के लिये स्थान रक्षित रखने के पक्ष में हूं। मुझे यह आशा नहीं है कि दस वर्ष की अवधि में, जिसमें केवल दो सामान्य निर्वाचन हो सकेंगे, आदिवासी भारत के अन्य लोगों के स्तर पर आ जायेंगे और इस अवधि के पश्चात स्थानों के रक्षण की आवश्यकता न रह जायेगी। इस प्रकार के किसी चमत्कार में मेरा विश्वास नहीं है। सम्भव है हम जितनी प्रगति चाहते हैं उतनी प्रगति न हो सके। मेरी यह इच्छा थी कि दस वर्ष के पश्चात् इस विषय पर फिर विचार किया जाता और यह देखा जाता कि इस काल में जो दो निर्वाचन हुये हैं उनमें आदिवासियों और अनुसूचित जातियों का यथोचित प्रतिनिधित्व हुआ है या नहीं और वे सभी सभाओं में अपने दृष्टिकोण को अन्य लोगों के सामने रख सके हैं या नहीं तथा देश के राष्ट्रीय जीवन में अपना योग दे सके हैं या नहीं। इन प्रश्नों पर विचार करने के पश्चात् संसद इस सम्बन्ध में निर्णय कर सकती कि इन रक्षणों को समाप्त किया जाये अथवा दस, पन्द्रह या पच्चीस वर्ष आगे तक जारी रखा जाये। मेरी यही इच्छा थी किन्तु यदि अनुसूचित जातियों और आदिवासियों के अतिरिक्त

अन्य लोगों को इस सम्बन्ध में किसी प्रकार का सन्देह है तो मैं इस पर जोर नहीं देना चाहता। उदारता तो इसी प्रकार दिखाई जा सकती है कि प्रान्तों और केन्द्र की सभी सभाओं में प्रवेश करने का उन्हें अवसर दिया जाये और उनके लिये केवल दो निर्वाचनों की सीमा न रखी जाये।

कुछ लोग यही दुहराते रहते हैं कि स्थानों के रक्षण की व्यवस्था में पृथकरण की भावना सन्निहित है। कुछ लोगों की यही टेक है और जब कभी किसी प्रकार का मतभेद होता है तो वे यह कहते हैं कि उसका आधार पृथकरण की भावना है। इस देश में प्रत्येक विद्रोही को साम्यवादी कहने की भी प्रथा चल पड़ी। इसी प्रकार हममें से वे लोग जो यह कहते हैं कि हमारे समाज के पिछड़े हुये वर्गों को सीधे रास्ते पर आगे बढ़ने के लिये बाध्य किया जाना चाहिये न कि टेढ़े रास्ते पर और सीधा रास्ता स्थानों के रक्षण का ही रास्ता है, पृथकरणवादी कहे जाते हैं। अब तीन करोड़ आदिवासियों को शताब्दियों से राजनैतिक अछूत समझा गया है तो किसी को पृथकरण की चर्चा करने का मुंह नहीं है। किसी को आदिवासियों से यह कहने का मुंह नहीं है कि लोक-तन्त्र क्या है। आदिवासी समाज सबसे अधिक लोकतन्त्रात्मक है। क्या भारत के अन्य समाज भी यही कह सकते हैं? क्या वे लोग जो शताब्दियों से वर्णव्यवस्था के अधीन रहे हैं, ईमानदारी से कह सकते हैं कि उनका दृष्टिकोण लोकतन्त्रात्मक है? इस प्रकार के दृष्टिकोण के विकसित होने में समय लगता है। आदिवासी समाज में सब समान हैं, चाहे वे धनी हों या निर्धन। सबको समान अवसर प्राप्त है और किसी को यह न समझना चाहिये कि इस संविधान का निर्माण करके तथा इसे प्रवर्तन में लाकर आदिवासी समाज को कोई नई विचारधारा प्रदान की जा रही है।

अध्यक्ष महोदय, जैसा कि आपने कहा था, वास्तव में हम यह कर रहे हैं कि हम कुछ बातें सीख रहे हैं। आदिवासियों के अतिरिक्त अन्य समाजों ने बहुत कुछ सीखा है और उन्हें बहुत कुछ सीखने की भी आवश्यकता है। आदिवासी सबसे अधिक लोकतन्त्र प्रेमी हैं और वे भारत की प्रतिष्ठा अथवा शक्ति को किसी प्रकार कम न होने देंगे। देश के विभाजन के लिये वे लोग उत्तरदायी नहीं हैं। आदिवासियों का सारे भारत पर अधिकार है। इसलिये मैं चाहता हूं कि इस प्रश्न पर सदस्यों को इस उदारतापूर्ण दृष्टिकोण से विचार करना चाहिये और यह न

समझना चाहिये कि वे रियायत करने के उद्देश्य से सहमत हो रहे हैं। आपने ही उन्हें उनकी भूमि से निकाल बाहर किया है और ऐसी विधियां बनाई हैं जिनसे उनके अधिकार छिन गये हैं। आज स्थिति क्या है? आज आसाम में छत्तीसगढ़, उड़ीसा और बिहार से निकाले हुये लगभग दस लाख लोग एक स्थान से दूसरे स्थान में भटकते क्यों फिर रहे हैं और वे अपनी रक्षा के सम्बन्ध में इतने चिंतित क्यों हैं? इसका कारण यह है कि जो लोग आदिवासी नहीं हैं उन्होंने उनकी भूमि उनसे ठग कर ले ली है और अब भी वे उन्हें ठग रहे हैं।

इस देश के हित को तथा उज्ज्वल भविष्य को सुनिश्चित करने के लिये यह अत्यन्त आवश्यक है कि भारत का प्रत्येक वर्ग, चाहे वह पिछड़ा हुआ हो या समुन्नत हो, अन्य वर्गों के साथ सहयोग करे और उनके साथ परिश्रम करे। इसके लिये यह आवश्यक है कि पिछड़े हुये वर्ग समुन्नत हों। पिछड़े हुये लोगों के लिये स्थानों का रक्षण बहुत आवश्यक है चाहे वे आदिवासी हों या अनुसूचित जातियों के लोग, चाहे वे जैन हों या मुसलमान। यदि आप यह स्वीकार करते हैं कि उन्हें ऊंचा उठाने के लिये कुछ यत्न करने की तथा पलड़े को एक ओर झुकाने की आवश्यकता है तो पृथकरण का प्रश्न नहीं उठता। इसलिये आदिवासियों का प्रतिनिधि होने के नाते मुझे रक्षण के सिद्धान्त को स्वीकार करने में लज्जा का अनुभव नहीं होता। मुझे खेद है कि रक्षण की व्यवस्था केवल दस वर्ष के लिये की गई है क्योंकि मुझे विश्वास है कि इस अवधि के पश्चात् भारत स्वर्ग नहीं हो जायेगा और दस वर्ष में न तो प्रत्येक व्यक्ति स्नातक हो जायेगा और न प्रत्येक व्यक्ति को राजनैतिक शिक्षा ही प्राप्त हो जायेगी। आवश्यकता इसकी है कि इस देश के पिछड़े हुये वर्गों को अपने पैरों खड़ा होने दिया जाये ताकि वे राष्ट्रीय जीवन में समुचित भाग ले सकें। इस संविधान का यह उद्देश्य नहीं है और मेरी भी यह इच्छा नहीं है कि समुन्नत समुदाय अतीत काल तक आदिवासियों का लालन-पालन करता रहे। हम केवल यह चाहते हैं कि जिस प्रकार अनुच्छेद 292 द्वारा साधन प्रदान किये गये हैं उसी प्रकार हमें कुछ अन्य साधन भी प्रदान किये किये जायें ताकि हम अपने पैरों पर खड़े होकर स्वस्थ चित्त हो सकें और भारत के लिये उपयोगी नागरिक सिद्ध हो सकें।

मुझे कई अन्य बातें भी कहनी हैं किन्तु मैं देखता हूं कि कुछ संशोधन अन्य अवसर के लिये स्थगित किये गये हैं और इसलिये मैं इस अवसर पर अधिक कुछ नहीं कहना चाहता। किन्तु मुझे इसका विश्वास है और मैं गैर-आदिवासियों को यह आश्वासन देता हूं कि यदि आपके उद्देश्य सच्चे होंगे और आप उन्हें अपने अधिकारों को प्रयोग में लाने का अवसर देंगे तो वे ऐसे कार्य कर दिखायेंगे जिनकी आपको आशा भी नहीं है।

(श्री आर.बी. धुलेकरः वक्ता महोदय वास्तव में चाहते क्या हैं?)

मैं यह चाहता हूं कि श्री धुलेकर वैसे ही व्यवहार करें जैसे वे उस समय करते थे जब वे सेंट कोलम्बस कॉलेज, हजारीबाग में पढ़ते थे और आदिवासियों से स्वतन्त्रता से मिलते जुलते रहते थे और कहते थे कि वे भारत के उत्कृष्ट नागरिक हैं। किन्तु इस समय आदिवासियों को बिल्कुल पृथक कर दिया गया है। मैं जानता हूं कि कुछ लोग यह कहेंगे कि अंग्रेज उन्हें अजायबघरों में रखते थे। अब हमारी राष्ट्रीय सरकार शासन कर रही है। क्या इस समय भी आदिवासी उनके लिये अजायबघर नहीं है? पिछले बारह वर्षों से लोकप्रिय मंत्रिमंडल पदारूढ़ हैं। इस कलंक को मिटाने के लिये उन्होंने क्या किया है? क्या उन्होंने कुछ किया है? जब उप-समिति के सदस्यों ने दौरा किया था तो जहां कहीं वे गये उनके सामने प्रान्तीय सरकारों ने इस सम्बन्ध में अपने प्रतिवेदन उपस्थित किये कि वे आदिवासियों के लिये स्वर्ग खड़ा करने जा रहे हैं और उनकी गरीबी और बुरी-बुरी बीमारियों को दूर करने का प्रयास करने जा रहे हैं। एक प्रांत के प्रधान मंत्री ने मुझ से कहा कि किसी एक जिले के आदिवासियों की हालत अच्छी करने के लिये उन्होंने 20 लाख रुपये की राशि अलग रखी है। मैंने उनसे पूछा कि पिछले आठ महीनों में आपने कितना खर्च किया है। उन्होंने कहा ''अभी हमने योजनाएं ही बनाई हैं किन्तु हमें आशा है कि कागजी कार्यवाही पूरी हो गई होगी''। वास्तव में केवल कागजी कार्यवाही ही होती है। हम चाहते हैं कि इन लोगों के लिये ठोस काम किया जाये। कुछ लोगों का यह विचार है कि कुछ शिक्षालय खोल देने से और कुछ छात्रवृत्तियां दे देने से वे आदिवासियों को बहुत समुन्नत बना देंगे। पिछड़े हुए लोगों की वास्तव में आर्थिक स्थिति सुधारने की आवश्यकता है। यदि उनकी

आर्थिक स्थिति सुधर जाये तो वे अपनी शिक्षा का प्रबन्ध स्वयं कर सकेंगे।

श्रीमान, आपकी अनुमति से मैं इस सभा में उपस्थित उन प्रान्तों के प्रधानमंत्रियों से, जहां आदिवासियों की संख्या अधिक है, यह कहना चाहता हूं कि आदिवासियों और अन्य पिछड़े हुए लोगों की स्थिति सुधारने के लिये वे लाखों रुपये की जिस धन-राशि को अलग रखना चाहते हैं उससे तब तक कुछ लाभ न होगा जब तक कार्यकर्ता वास्तविक हितसाधन की दृष्टि से कार्य न करें। मुझे विदित है कि मेरे प्रान्त में, अर्थात् बिहार में, सुधार का सब काम राजनैतिक उद्देश्यों से किया जाता है। दुर्भाग्य से बिहार में तीन समुदाय हैं जिनका आपस में संघर्ष रहता है। एक का खिंचाव पूर्व में बंगाल की ओर है तो दूसरे का दक्षिण में झारखंड की ओर और तीसरे का उत्तर में हिमालय की ओर। पूर्वी और दक्षिणी समूहों को समाप्त करने के लिये लाखों रुपये खर्च किया जा रहा है और वह भी पिछड़े हुए वर्गों की स्थिति सुधारने के नाम से। अध्यक्ष महोदय, इसका प्रमाण है कि मानभूम, पलामू, रांची, हजारीबाग और अन्य जिलों में अग्रगण्य कांग्रेसियों ने.......

(श्री विश्वनाथ दासः (उड़ीसाः जनरल) : क्या इन बातों का विचाराधीन विषय से कोई सम्बन्ध है?

श्री नजीरुद्दीन अहमदः (पश्चिमी बंगालः मुस्लिम) : इस सम्बन्ध में प्रत्येक सच्ची बात प्रासंगिक है।)

लोगों के हितसाधन के लिये नहीं बल्कि सुधारकों की सेनाएं खड़ी करने में लाखों रुपये व्यय किया जा रहा है। यह धन वेतनों, मोटरों और प्रचार-गाड़ियों में व्यय हो जाता है। आदिवासियों को स्वयं कोई लाभ नहीं होता। यह आन्दोलन अधिक अन्न उपजाओं के आन्दोलन के समान ही है। इस आन्दोलन में हम जितना धन व्यय कर रहे हैं उससे अनाज का एक दाना भी अधिक पैदा होता तो इसे एक सफल आन्दोलन कहा जा सकता था। किन्तु बात दूसरी ही है।

सदस्यों ने अनुसूचित जातियों तथा अनुसूचित आदिम जातियों के प्रति उदारता दिखाकर उनके लिये इसलिये स्थान रक्षित रखे कि, जैसा कि आपने रामगढ़ में कहा था, ये लोग किसी कारण अलग रहे हैं। अब ये देश के मुख्य भाग में प्रवेश करने के लिये बाध्य हो जायेंगे और

इसका परिणाम यह होगा कि वे भी इस देश को समुन्नत बनाने में अपना योग दे सकेंगे। मुझे यह विदित है कि कुछ प्रदेशों में संकट की आशंका है। आसाम में संकट की आशंका थी और पश्चिमी बंगाल में भी इस प्रकार की आशंका थी। जब श्री खेतान ने अपना संशोधन उपस्थित किया था या यों कहिये कि एक संशोधन की सूचना दी थी, तो उस समय, क्योंकि वे अब हमारे बीच में नहीं रह गये हैं, मैंने उनसे इस विषय पर बातचीत की थी कि वे पश्चिमी बंगाल में अनुसूचित जातियों के लिये किस कारण स्थानों का रक्षण नहीं चाहते। उनकी यह सच्ची भावना थी कि उनके लिये रक्षण न होना चाहिये। उन्होंने यह कहा कि यदि अनुसूचित जातियों के लोग किसी भी अल्पसंख्यक वर्ग के लोगों के साथ मिल जायेंगे तो उच्च वर्ग के लोग कहीं के न रह जायेंगे। आसाम के एक सदस्य महोदय ने इस प्रकार का भय प्रकट किया है। मैं इसे अच्छी प्रकार जानता हूं कि प्रश्न यह नहीं है कि चूंकि हम आदिवासियों के लिये स्थान रक्षित कर चुके हैं इसलिये उन्हें सामान्य स्थानों के लिये खड़ा करने की आवश्यकता नहीं। यह प्रश्न नहीं है। हमें सच्चाई से विचार करना चाहिये। आसाम के उच्च वर्गों को यह भय है कि यदि अनुसूचित जातियों के लोग आदिवासियों से मिल गये और ये लोग सामान्य स्थानों के लिये भी खड़े हुए तो उच्च वर्गों के लोग पदारूढ़ न रह जायेंगे।

मेरे विचार से वास्तविक बात यही है। किन्तु मेरा सभी लोगों से यह अनुरोध है कि वे किसी प्रकार के भय से प्रेरित होकर इस प्रश्न पर विचार न करें। हमें अपने साथियों से भय न करना चाहिये क्योंकि यदि हम उनका विश्वास न करेंगे। तो हम उनसे इसकी आशा नहीं कर सकते कि वे हमारा विश्वास करेंगे। पहले हमारी परिस्थिति भिन्न थी। अब हम अपने देश के भाग्य विधाता हैं। पहले जो कुछ बीता है वह बीत चुका है। हो सकता है कि उसके लिये हम दोषी हों अथवा विदेशी शासकों ने हमारे साथ शरारत की हो। अब सब कुछ हमारे हाथ में है। अब हम स्वयं अपने मालिक हैं। किन्तु यदि हम अब भी भय करते हैं और कुछ पीछे हटकर अन्य लोगों को आगे नहीं बढ़ने देना चाहते हैं तो हम गलत रास्ते पर हैं।

बुधवार, 24 अगस्त 1949

आदिवासी मंत्रणा परिषद् राजनैतिक तौर पर एक प्रभावशाली निकाय होना चाहिये

अध्यक्ष महोदय, मैं यह प्रस्ताव रखता हूं :

''कि ऊपर के संशोधन नं. 20 में प्रस्तावित पांचवीं अनुसूची के पैरा 3 में जहां भी 'scheduled areas' शब्द आये हैं, उनके आगे 'Scheduled Tribes' शब्द रख दिये जायें और 'whenever so required by the Government of India' (या जब भी भारत शासन इस प्रकार की अपेक्षा करे) शब्द निकाल दिये जायें।''

इस अनुसूची के संबंध में जो कुछ मुझे कहना है वह तो मैं उस समय कहूंगा जब उस पर आम बहस शुरू होगी पर अभी केवल यह बता देना चाहता हूं कि यह संशोधन मैं क्यों पेश कर रहा हूं। इस अनुसूची के भाग 1 का यह शीर्षक रखा गया है :

"Provisions as to the Administration and Control of Scheduled Areas and Scheduled Tribes" पर भाग 3 में 'Scheduled Tribes' का कहीं उल्लेख नहीं किया गया है। ऐसा क्यों किया गया यह मैं समझ नहीं पाता हूं। राज्यपाल या शासक भारत सरकार को जो रिपोर्ट दे वह अवश्य ही ऐसी व्यापक होनी चाहिये कि उसमें सभी अनुसूचित जन जातियों के प्रशासन का हाल दिया हो चाहे वह अनुसूचित क्षेत्र के अन्दर रहती हो या उसके बाहर। अगर रिपोर्ट केवल अनुसूचित क्षेत्र के अन्दर रहने वाली अनुसूचित जन जातियों तक ही सीमित रहेगी तो फिर इसका मतलब यह होगा कि भारत सरकार को सभी अनुसूचित जन जातियों के सम्बन्ध में पूरी जानकारी न हो सकेगी। इन जन जातियों के लाखों लोग ऐसे होंगे जो अनुसूचित क्षेत्र के बाहर रहते होंगे। बिना यह जाने हुए कि

अनुसूचित क्षेत्रों का परिसीमन किस प्रकार होगा यह तर्क करना बेकार होगा कि रिपोर्ट में सभी अनुसूचित जन जातियों के सम्बन्ध में उल्लेख दिया रहेगा या नहीं किया रहेगा। हमें मालूम नहीं कि सारा बिहार अनुसूचित क्षेत्र माना जायेगा या नहीं। पर बहस की गरज से मान लीजिये हम यह मान लेते हैं कि सारा बिहार अनुसूचित क्षेत्र घोषित कर दिया जायेगा। तो उस सूरत में अध्यक्ष महोदय, मेरा यह संशोधन अनावश्यक है। पर अभी हमें यह तो मालूम ही नहीं कि राष्ट्रपति अनुसूचित क्षेत्रों के परिसीमन के बारे में रिपोर्ट देने के लिये जिस आयोग को नियुक्त करेंगे वह रिपोर्ट क्या देगा। जब तक कि इस आयोग की रिपोर्ट के फलस्वरूप अनुसूचित क्षेत्रों का परिसीमन नहीं हो जाता है मैं इस बात के लिये अभी अवश्य आग्रह करूंगा कि एक ऐसा पक्का उपबंध यहां जरूर रहना चाहिये जिससे राज्यपाल के लिये यह अनिवार्य हो कि रिपोर्ट में वह यह भी बताये कि सभी अनुसूचित जन जातियों के लिये यानी हर राज्य के पिछड़े हुए लोगों के लिये क्या किया गया है। आशा है डॉ. अम्बेडकर इस संशोधन को स्वीकार करेंगे और उस हालत में इस पैरा का यह रूप होगा :

"The Governor or Ruler of each State having scheduled areas and scheduled tribes therein shall annually make a report to the Government of India regarding the administration of the scheduled areas and scheduled tribes in that State and the executive power of the Union shall extend to the giving of directions to the State as to the administration of the said areas and scheduled tribes of the State."

(प्रत्येक राज्य का राज्यपाल या शासक जिसमें अनुसूचित क्षेत्र हैं, प्रति वर्ष उस राज्य में के अनुसूचित क्षेत्रों और

अनुसूचित जातियों के प्रशासन के बारे में राष्ट्रपति को प्रतिवेदन करेगा तथा संघ की कार्यपालिका शक्ति राज्य को, उस राज्य के अनुसूचित क्षेत्रों और अनुसूचित जन जातियों के प्रशासन के विषय में निदेश देने तक विस्तृत होगी ।)

मेरे संशोधन के दूसरे हिस्से में यह कहा गया है कि "or whenever so required by the Government of India" (अथवा अब भी भारत सरकार इस प्रकार की अपेक्षा करे) शब्द हटा दिये जायें। मेरी समझ से इन शब्दों को निकाल देना जरूरी है। संविधान में इस बात का उपबंध रहना चाहिये कि प्रतिवर्ष राज्यपाल या शासक अनुसूचित जन जातियों के प्रशासन के संबंध में राष्ट्रपति को प्रतिवेदन करेगा। मालूम नहीं यह अनुसूची कब तक बनी रहेगी। और जब तक यह मालूम न हो जाये मैं इस बात पर जोर देने के लिये विवश हूं कि अनुसूचित जन जातियों की दशा सुधारने का काम तेजी से होना चाहिये। उनकी दशा सुधारने का काम किया नहीं जा सकता है अगर राष्ट्र को यही न मालूम हो कि इस दिशा में क्या किया जा रहा है। इसलिये मेरी समझ से जरूरी यही है कि प्रतिवर्ष प्रतिवेदन करने पर यहां जोर दिया जाये। मैं यह मंजूर करता हूं कि अपने संशोधन के इस दूसरे अंश के लिये मुझे कोई विशेष आग्रह नहीं है क्योंकि कोई कारण नहीं है कि हम यह संदेह करें कि सरकार सोती रहेगी औरे बीस साल में कहीं एक बार प्रतिवेदन की अपेक्षा करेगी। सरकार के बारे में ऐसा सन्देह करने का कोई कारण नहीं है। इसलिये अपने संशोधन के इस दूसरे अंश के लिये विशेष जोर नहीं दूंगा पर इस बात के लिये अवश्य आग्रह करूंगा कि प्रतिवेदन सभी अनुसूचित जन जातियों के शासन के बारे में होना चाहिये।

मेरा दूसरा संशोधन है नं. 33 का जिसे मैं पेश करता हूं। वह यों है:

'कि उक्त संशोधन नं. 20 में, प्रस्तावित पांचवीं अनुसूची के पैरा 4 के उप-पैरा (2) के स्थान पर यह रखा जायेः

(2) It shall be the duty of the Tribes Advisory Council generally to advise the Governor or Ruler of the State on all matters pertaining to the administration, advancement and welfare of the Scheduled Tribes of the State.' "

(आदिमजाति मंत्रणा-परिषद् का साधारणतः यह कर्तव्य होगा कि वह राज्य के अनुसूचित जन जातियों के प्रशासन, समुन्नति तथा कल्याण से सम्बद्ध सभी विषयों पर राज्य के राज्यपाल या शासक को मंत्रणा दे।)

मेरा ख्याल है कि मेरा यह संशोधन बिल्कुल स्पष्ट है। मेरा यह संशोधन मूल मसौदे के पक्ष में है। आशा है डॉ. अम्बेडकर इसे स्वीकार करेंगे।

अब मैं पेश करता हूं संशोधन नं. 47 को जो यों है:
''कि उक्त संशोधन नं. 20 में प्रस्तावित पांचवीं अनुसूची के पैरा 5 के उप-पैरा (1) में 'as the case may be' शब्दों के आगे 'if so advised by the Tribes Advisory Council' शब्द जोड़े जायें।''

मैं देखता हूं कि इस नई पांचवीं अनुसूची में, किसी तरह ऐसा हो गया है, और शायद यह जानबूझ कर नहीं किया गया है कि यहां आदिवासी मंत्रणा परिषद् का उल्लेख ही नहीं आ पाया है। मूल मसौदे में आदिवासी मंत्रणा परिषद् को ही प्राधान्य दिया गया था और अनुसूचित जन जातियों के सुधार के काम की प्रेरणात्मक शक्ति उसी को दी गई थी। पर अब इस नई अनुसूची में तो यह बात नहीं रह गई है और सारा अधिकार दे दिया गया है राज्यपाल या शासक को। मुझे खेद है कि इस स्थिति को मैं स्वीकार करने में असमर्थ हूं। अध्यक्ष महोदय, सभा को सखेद मुझे यह भी कहना पड़ रहा है कि गत कई दिनों से कुछ लोग आपस में गुप्त परामर्श करते रहे हैं और उनकी बैठकें होती रही

हैं। पर उस संबंध में मुझसे कभी कोई परामर्श नहीं लिया गया। इस नई अनुसूची के संबंध में यह नहीं कहा जा सकता है कि सभी दलों से परामर्श लेकर उसको यहां रखा गया है। इस सिलसिले में जो भी बैठकें लोगों की हुई हैं उनमें मुझे कभी नहीं बुलाया गया। उस नई पांचवीं अनुसूची में यह परिवर्तन अचानक वज्रपात की तरह हमारे सामने आया है। इस सूची को लेकर मुझे कोई शिकायत नहीं है। मेरा कहना यह है कि इस प्रस्तावित अनुसूची के सुधार की काफी गुंजाइश अभी भी है। आदिवासी होने के नाते मुझे इसका हक था और होना चाहिये कि पहले मुझसे इस परिवर्तन के बारे में परामर्श लिया जाता।

अब मैं अपना संशोधन नं. 50 पेश करता हूं जो यों है:
"कि उक्त संशोधन नं. 20 में प्रस्तावित पांचवीं अनुसूची के पैरा 5 के उप-पैरा (2) में, 'in any such area' शब्दों को निकाल दिया जाये।"

इस संशोधन के पीछे भी कारण वही है जिसका मैं अभी पहले जिक्र कर चुका हूं अर्थात् यह कि अनुसूचित जन जातियों को जो भी लाभ हम पहुंचाना चाहते हैं वह केवल उन्हीं तक सीमित न रहना चाहिये जो अनुसूचित क्षेत्रों में रहते हैं बल्कि वह सभी अनुसूचित जनजातियों को मिलना चाहिये जो कि राज्य में रह रहे हैं।

मेरा एक और संशोधन रह गया है जो है नं. 52 का। मैं उसे भी उपस्थित किये देता हूं। वह यों है:
"कि उक्त संशोधन नं. 20 में प्रस्तावित पांचवीं अनुसूची के पैरा 5 के उप-पैरा (5) में, 'consulted' शब्द की जगह 'been so advised' शब्द रखे जायें।"

यहां भी मेरा उद्देश्य यही है कि आदिवासी मंत्रणा परिषद् वस्तुतः एक प्रभावी निकाय हो और वास्तविक शक्ति उसके हाथ में रहे। राज्यपाल या शासक को कार्रवाई करने की शक्ति जरूर प्राप्त रहे उस पर मुझे रंच मात्र भी आपत्ति नहीं है पर मैं यह अवश्य महसूस करता

हूं कि 'consulted' शब्द यहां ठीक नहीं होगा। मेरे इस संशोधन के स्वीकृत होने पर उप-पैरा का रूप यहां हो जायेगाः

"इस पैरा के अधीन कोई विनियम तब तक न बनाया जायेगा जब तक कि विनियम बनाने वाले राज्यपाल या शासक को, उस राज्य के लिये आदिवासी मंत्रणा परिषद् होने की अवस्था में ऐसी परिषद् से ऐसा करने की राय न मिल गई हो।"

जैसा कि मैं पहले ही कह चुका हूं मेरे इन संशोधनों में मुख्यतः दो सैद्धान्तिक बातों पर ही जोर दिया गया है। एक तो यह कि इस अनुसूची के उपबन्धों से लाभ पहुंचना चाहिये। अनुसूचित जन जातियों के सभी लोगों को और दूसरे यह कि आदिवासी मंत्रणा परिषद् वस्तुतः एक प्रभावशाली निकाय होना चाहिये न कि केवल दिखावे का।

सोमवार, 5 सितम्बर 1949

लोकतंत्र का पाठ संविधान निर्माताओं को आदिवासी लोगों से सीखना होगा

अध्यक्ष महोदय, यह दुर्भाग्य ही की बात है कि मुझे शुरू में ही अपनी तथा अपनी यात्रा की चर्चा करनी पड़ रही है, ताकि माननीय मित्र श्री ठक्कर बापा के भ्रम को दूर कर सकूं। अभी कुछ मिनट पहले आपने यह फरमाया है कि मैं अपने प्रान्त बिहार की बाबत जानकारी जरूर रखता हूं, पर बिहार के बाहर के आदिवासियों के बारे में मुझे कोई जानकारी नहीं है। आपने यह भी कहा कि मैंने बहुत कम भ्रमण किया है, यह संकेत दिया है कि निजी सौजन्य से तथा अपने पूंजीपति सहायकों की मदद से वह मेरी अखिल-भारतीय यात्रा की व्यवस्था कर देंगे, ताकि पश्चिमोत्तर भारत आदि प्रदेशों की यात्रा कर मैं और बुद्धिमान बन जाऊं, कुछ और जानकारी हासिल कर लूं।

मैं समझता था कि वह मुझे अच्छी तरह जानते हैं, पर मैं देखता हूं कि वे मुझे नहीं जानते हैं। मैं उन्हें बताऊं कि कई वर्षों तक मैं मध्य प्रान्त में रह चुका हूं। वहां कोई ऐसी रियासत नहीं है, जहां मैं न गया होऊं। मैं उन्हें यह भी बताऊं कि पूर्वी बंगाल में भी मैं पांच साल तक रह चुका हूं और वहां मेरा एक काम यह भी था कि वहां के अगम्य, अन्तर्वर्ती प्रदेशों में जाकर, निवासियों की दशा का अध्ययन करना था।

पश्चिमी बंगाल, जहां आदिवासियों की एक बड़ी आबादी रहती है, मेरे घर के बिल्कुल पड़ोस में पड़ता है। साल साल तक मैं जमशेदपुर में रह चुका हूं, जहां पश्चिमी बंगाल तथा अन्य जगहों से काफी आदिवासी आया करते हैं। ठक्कर बापा तो एक उपसमिति के साथ अभी केवल दो साल पहले आसाम गये हैं। पर मैं उनको बताऊं कि आसाम के हर आदिवासी क्षेत्र में मैं गया हूं और न सिर्फ एक बार, बल्कि दर्जनों बार। न मद्रास से मैं अपरिचित हूं और न बम्बई से। मैं उन लोगों में नहीं हूं, जो अपनी यात्रा के प्रोग्राम का विज्ञापन किया करते हैं, जैसा कि माननीय ठक्कर बापा या अन्य लोग करते हैं। मैं बिना कोई शोर मचाये अपने आदिवासियों के बीच घूमा करता हूं। और उनको

समझने की कोशिश करता हूं और किसी निष्कर्ष पर पहुंचने की जल्दबबाजी नहीं करता हूं। गत ग्यारह वर्षों से यथाशक्ति मैंने यह कोशिश की है कि गैर-आदिवासियों को यह समझा सकूं कि आदिवासियों में आत्म-सम्मान की कितनी प्रबल भावना है, उनकी संस्कृति में कितनी बारीक बातें हैं। कतिपय विदेशी मानव विज्ञानवेत्ताओं के अधीन रहकर दो साल तक अध्ययन करने का मुझे मौका मिल चुका है। मुझे नहीं मालूम कि श्री ठक्कर साहब को कितनी आदिवासी भाषाओं की जानकारी है।

(श्री ए.वी. ठक्करः एक की भी नहीं।)

मुझे खुशी है कि आप इतने सच्चे हैं कि यह स्वीकार कर लिया कि आप एक भी आदिवासी भाषा नहीं जानते हैं।

(श्री ए.वी. ठक्करः बस एक गुजरात के आदिवासियों की भाषा मैं जरूर जानता हूं।)

उनके जीवन के इस सान्ध्य काल में भी मैं उन्हें यह सुझाव दूंगा कि अगर उनके कार्यकर्त्ता उन्हें अनुसूचित जन जातियों की, आदिवासियों की या अन्य दलित वर्गों की, जिनके बीच उन्हें काम करना पड़ता है, भाषा सीख लें, तो वह और अच्छा काम कर सकेंगे।

मसलन दक्षिणी बिहार तथा छोटा नागपुर के इलाकों में काम करने वाले उनके कार्यकर्त्ता अगर सन्थाली, उरांव या मुंडारी भाषायें सीख जायें-और बता दूं कि मैं इन सबको जानता हूं-तो आदिवासी उनको इतने सन्देह की दृष्टि से नहीं देखेंगे, जितना कि वह उनको देखते हैं। गैर-आदिवासियों के प्रति वह बड़े ही संदिग्ध रहते हैं और उनका संदिग्ध होना ठीक ही है, क्योंकि गैर आदिवासी लोगों ने उनके साथ सदा दिकुओं की चाल चली है। 'दिकू' शब्द मेरा निकाला हुआ नहीं है, जैसा कि बिहार के कई मंत्री प्रायः कहा करते हैं। आज करीब अस्सी वर्षों से मेरी पैदाइश के बहुत पहले से यह शब्द अधिकार-अभिलेखों और दस्तावेजों में चला आ रहा है। अतीत काल में गैर आदिवासियों ने ऐसे-ऐसे कारनामे किये हैं कि उनसे आदिवासियों को भारी क्षति पहुंची है।

अवश्य ही, इस बात को भी मैं सहर्ष स्वीकार करता हूं कि उनमें से श्री ठक्कर सरीखे चन्द व्यक्तियों ने इन असहायों की अमूल्य

सेवाएं की हैं। मैं अपना गुण-गान करने के लिये यहां नहीं खड़ा हुआ हूं, पर सभा को यह जरूर बता देना चाहता हूं कि भारत का या बाहर का मैंने उतना कम भ्रमण नहीं किया है, जितना कि मेरे माननीय मित्र ने।

मैं नहीं जानता कि माननीय श्री ठक्कर साहब ने कितनी बार दुनिया का भ्रमण किया है। मैं कम से कम दो बार सारी दुनिया घूम चुका हूं। पांच साल तक मैं अफ्रीका में रह चुका हूं। पॉलिनेसिया के आदिवासियों को मैंने देखा है। आज की तथा पूर्ववर्त्ती शासन कालीन आदिवासी सदस्य को मैंने वैज्ञानिक दृष्टिकोण से समझने की कोशिश की है, न कि राजनीतिक दृष्टिकोण से, जैसा कि आज देश के बहुत से लोगों की प्रवृत्ति है। अच्छा यह होगा कि हम इस समस्या की तह तक पहुंचने की कोशिश करें, आदिवासियों के मन की बात जानने की कोशिश करें, ताकि हम समझ सकें कि उनसे हम किस तरह वह सब काम करा सकते हैं जो उनकी समुन्नति के लिये हम आवश्यक समझते हैं। आखिर 24.8 लाख आदिवासियों को अपनी गोद में लिये नहीं फिर सकते हैं। उनको अपने पांव पर खड़ा होने की शिक्षा हमें देनी होगी। अपने आदरणीय मित्र की और एक भूल का मैं सुधार कर देना चाहता हूं। उनकी संख्या ढाई करोड़ ही नहीं है, जैसा कि वह फरमाते हैं। उनकी संख्या है, 24.8 लाख। वह ढाई करोड़ से ज्यादा हैं। पर मैं इस संख्या के प्रश्न पर कोई बहस नहीं करना चाहता।

(अध्यक्ष: 24.8 लाख तो ढाई करोड़ से कम होता है।)

अस्तु, माननीय मित्र श्री वक्तृता में आशा की एक सुनहली झलक अवश्य वर्तमान है। मुझे विशेषतः खुशी इस बात की है कि अपने भाषण में आप राजनीतिक देशबंदी की भावना से सर्वथा ऊपर उठ गये हैं और इस समस्या पर एक महामना व्यक्ति की तरह विचार करने की कोशिश की है, जो उनके और पूर्व वृत्त के सर्वथा अनुरूप है। मूल अनुसूची के सम्बन्ध में जो कतिपय संशोधन आपने भेजे थे, मैं उनको लेकर बड़ा चिन्तित था। किन्तु सौभाग्य से आपने उनको पेश करने का इरादा छोड़ दिया और उनको सर्वथा भुला दिया। अवश्य ही ऐसा करने के लिये आपको साहस से काम लेना पड़ता है। मैं आपकी राजनीतिज्ञता की प्रशंसा करता हूं।

निस्सन्देह यह संशोधित अनुसूची मूल अनुसूची से कहीं अधिक

व्यापक है। उसके उपबंधों को और व्यापक बनाने के उद्देश्य से ही मैंने अपने संशोधन रखे हैं और आशा करता हूं कि डॉ. अम्बेडकर और उनकी मसौदा-समिति कुछ ऐसा यंत्र जरूर निकालेंगे कि मेरे पांचों संशोधनों में सुझाई गई बातों को किसी तरह अनुसूची में समाविष्ट किया जा सके। समूची स्थिति में अब एक बहुत बड़ा परिवर्तन हो गया है। न केवल देश स्वातंत्र्य के कारण, बल्कि रियासतों के विलीनीकरण की व्यवस्था के कारण इस आदिवासी समस्या का समूचा नक्शा ही बिल्कुल बदल गया है। संख्या की दृष्टि से अब आदिवासियों को कहीं भी अपने को असहाय समझने की जरूरत नहीं है। हां, उड़ीसा की समस्या अवश्य ही एक कठिन समस्या है। वह इसलिये नहीं कि समस्या ही वहां अजेय है, बल्कि इसलिये कि वहां की समस्यायें तब तक हल नहीं की जा सकती हैं, जब तक कि धन की तुरन्त उनको मदद न मिले। उत्तम से उत्तम सद्भिप्राय रखते हुए भी उड़ीसा अपने पिछड़े हुए वर्गों के लिये, आदिवासियों तथा दलितों के लिये, अधिक कुछ नहीं कर सकता है, जब तक कि केन्द्र से एतदर्थ उसे कोई विशेष निधि न प्राप्त हो। आसाम के साथ भी यही बात है।

मुझे बड़ी खुशी है कि माननीय मित्र पंडित रविशंकर शुक्ल ने अपने यहां अपनी तुच्छ शक्ति के अनुसार इस काम का श्रीगणेश कर दिया है। मेरी समझ से पचास लाख की रकम कोई ऐसी बड़ी रकम नहीं है, जिस पर हम उमंग से फूले न समायें। पर मुझे खुशी इस बात की जरूर है कि आपने काम शुरू कर दिया है। इस काम के लिये जो धन-राशि आपने निकाली है, उसके आगे एक शून्य और बढ़ा दें, तो अवश्य ही मैं उनको मुबारकबाद दूंगा। असल में इस काम के लिये जरूरत धन की है और यही कारण है कि कुछ लोगों ने जो इसके लिये एक अवधि सीमा निर्धारित करने का सुझाव दिया है, उससे मैं मतैक्य नहीं रखता हूं। बल्कि मैं तो यह चाहता हूं कि यहां यह रखा ही न जाये कि अमुक अवधि की समाप्ति पर ये प्रावधान प्रवर्तन में न रह जायेंगे। क्या यह अच्छा नहीं होगा कि दस बरस या बीस तक हम आदिवासियों और दलितों को शेष लोगों के स्तर पर लाने के लिये काम करते रहें और उसके बाद राष्ट्रपति एक आयोग नियुक्त करके इस बात का अनुसंधान करायें कि कहां तक समुत्थान सम्बन्धी उपायों को सफलता मिली है।

उन उपबन्धों को समाप्त कर दिया जाये या उनकी अवधि और बढ़ा दी जाये। दस साल के बाद इन सब बातों का अनुसंधान करके ही ये उपबन्ध समाप्त किये जायें या प्रवर्तमान रखे जायें। कल्पना जगत में रहना और यह सोचना कि दस साल के अन्दर इनकी दशा सुधर जायेगी, एक भारी बेवकूफी होगी। यह काम दस बरस में नहीं पूरा हो सकेगा, इसके लिये और लम्बी अवधि अपेक्षित है।

दस साल तो आपको इसमें ही लग जायेंगे कि आदिवासियों को इस बात पर राजी कर लें कि अपने स्थानों से निकल कर मैदानी इलाकों में आकर वह हम लोगों को सहयोग देने लग जायें। सन्देह का जो वातावरण आज उन लोगों में वर्तमान है, उसे हमें दूर करना होगा। हमें चाहिये यह कि यथार्थवादी की तरह इस समस्या पर विचार करें। इसलिये, अध्यक्ष महोदय, मैं तो यह चाहता हूं कि दस साल की समाप्ति पर स्थिति का अवलोकन किया जाये। उस समय हम लोग तथा देशवासी लोग सभी इस बात का पता लगा सकेंगे कि इनकी समुन्नति के लिये हम क्या कर पाये हैं और तब हम इस बात का फैसला करेंगे कि इन उपबंधों को आगे दस या पन्द्रह साल के लिये चालू रखा जाये या नहीं। मैं इस विचार के सर्वथा विरुद्ध हूं कि इन उपबंधों के लिये दस साल की या अन्य कोई कालावधि निर्धारित कर दी जाये और उस अवधि की समाप्ति कर ये उपबंध प्रभावी न रह जायें।

सोमवार, 5 सितम्बर 1949

पहले खुद को सुधार लीजिये, फिर दूसरों को सुधारने की चिन्ता कीजिये

अगर मद्रास से आये हुए मित्रों की अनुमति हो, तो चन्द शब्द मैं अपनी हिन्दी में जो मैंने बिहार में सीख रखी है-कह दूं।

सभापति जी, मैं ड्राफ्टिंग कमेटी को हार्दिक धन्यवाद देता हूं कि यह इन्तजाम, यह नया बन्दोबस्त, यह नया शिड्यूल उन्होंने स्वीकार कर लिया है। मैं आप से यही अर्ज करूंगा कि आपकी जो अनुवाद कमेटी है, वह **शिड्यूल ट्राइब्स** का अनुवाद **वनजाति** न करे। आपके यहां जो अनुवाद किया गया है, उन सबमें आदिवासी शब्द का व्यवहार नहीं किया गया है। क्यों? मैं आपसे यही सवाल पूछता हूं कि क्यों? आदिवासी का व्यवहार क्यों नहीं किया गया और वनजाति क्यों? हमारे समुदाय में कई ऐसे हैं, जो वन में नहीं रहते। आप भी पश्चिमी बंगाल में रहती हैं, वहां एक भी जंगल नहीं है, वहां एक पेड़ का निशान भी नहीं है। तो वह वनजाति कैसे हुई? वनजाति तो वही हो सकती है, जो जंगल में आबाद हो।

मैं चाहता हूं कि जो आपकी अनुवाद कमेटी है, उसको आपकी तरफ से फरमान हो जाये कि शिड्यूल्ड ट्राइब का अनुवाद आदिवासी होना चाहिये। आदिवासी शब्द में इज्जत है। आप उनको क्यों पुराने लफ्जों में गाली देना चाहते हैं। वनजाति यानी जंगलों का रहने वाला। मेरी पहली बात यह हुई।

दूसरी बात मेरी यह है कि यहां कईएक मेम्बरान हैं जो दुनिया को दिखलाना चाहते हैं कि उनका हृदय सहानुभूति के खून से बह रहा है। पहले क्या हुआ वह बात आप छोड़ दीजिये। मगर मैं आपके सामने यह अर्ज करना चाहता हूं कि वे यह कहते हैं कि भविष्य में वे अपनी जान देने को तैयार हैं। जब कभी, जनाब, इलेक्शन आते हैं, तो ऐसे ऐसे मैनीफेस्टो और ऐसे-ऐसे कागज निकाले जाते हैं।....

(श्री घनश्याम सिंह गुप्त (मध्यप्रान्त और बरार : जनरल) : अगर अनुमति हो, तो एक बात कहने के लिये माननीय सदस्य की

वक्तृता में हस्तक्षेप करूं? अब इस शब्द का प्रयोग हम बिल्कुल नहीं कर रहे हैं। इस शब्द को हमने हटा दिया है।)

किस शब्द को?

(श्री घनश्याम सिंह गुप्तः 'वन जाति' शब्द को, जिसका आपने अभी हवाला दिया है। हमारी कठिनाई यह है कि हम मसौदे का अनुवाद कर रहे हैं, न कि उसका सुधार।)

मुझे खुशी है कि आप में अब अधिक बुद्धि आ गई है।

(सरदार भूपेन्द्र सिंह मान (पूर्वी पंजाब : सिख) : इसकी जगह नया शब्द क्या रखा गया है?

घनश्याम सिंह गुप्तः अब हम 'जन जाति' शब्द प्रयोग में ला रहे हैं।

अध्यक्षः इसके लिये एक दूसरा शब्द है 'आदिमजाति', जो बिहार में काम करने वाले एक संगठन या निकाय के लिये प्रयुक्त किया जा रहा है।)

खैर जो भी हो, आपने मेरे परामर्श को सुन लिया है। मेरे विचारानुसार तो आदिवासी ही होना चाहिये। अगर आप सेंट्रल प्रोविंसेज और बम्बई की तरफ जायें तो वहां आप देखेंगे कि बहुत ही जगहें है, जहां आदिवासी सेवा मण्डल वगैरह काम कर रहे हैं। इस शब्द का बहुत दिनों से व्यवहार हो चुका है। इस शब्द को सब आदिवासी समझते हैं। तो अगर आप इस शब्द का व्यवहार करें, तो मैं कभी स्वीकार नहीं कर सकता कि इसके कोई गलत माने हो सकते हैं। मेरे विचार में तो आदिवासी ही होना चाहिये। मैं आदिवासी हूं। मैं अपने को आदिवासी कहता हूं। तो फिर आप मुझे क्यों दूसरा नाम देंगे। मैं बड़े हर्ष से आदिवासी शब्द का स्वागत करूंगा।

इसके बाद, सभापति जी, मैं आपसे कह रहा था कि कई आदमी हैं कि जिनका दिल जलता है। क्यों? आदिवासियों की सेवा करने के लिये। ऐसे ऐसे जितने सदस्य हों, चाहे यहां विधान-परिषद् में या इसके बाहर, उनसे मैं यही कहूंगा कि काम ज्यादा कीजिये और बात कम कीजिये। जब तक अपने दिल में, अपने हृदय में, जिस समुदाय के मध्य में आप सेवा करते हैं, उसका आदर सम्मान नहीं करते हैं, तो आप सेवा करने के काबिल नहीं हैं। जिस प्रकार से छह हजार मील से अंग्रेज

हिन्दुस्तान का पुनरुत्थान करने के लिये यहां पधारे थे, उस किस्म का उद्देश्य अगर आपके दिल में है, तो आप आदिवासी इलाकों से निकल जाइये। "Physician, heal thyself".

यही मैं आपसे कहूंगा। पहले अपने को सुधार लीजिये, फिर दूसरों को सुधारने की चिन्ता कीजिये।

सभापति जी, इसके अलावा और भी बहुत सी बातें हैं।

(अध्यक्ष: मगर आप हिन्दी में क्यों चले गये? मैंने समझा था कि कुछ मद्रासी भाइयों के लिये आपको कोई खास बात हिन्दी में कहनी थी।)

चन्द शब्द मैं मद्रासी जबान में भी कहना चाहता हूं, श्रीमान।

(अध्यक्ष: कुछ जरूरत नहीं। वह मान लेंगे कि आप कई भाषायें जानते हैं।)

चन्द शब्द अपनी भाषा में कह कर, जो कि इस देश की प्राचीनतम भाषा है, मैं अपनी बात समाप्त ही करने जा रहा था। यह देश हम लोगों के प्राचीनतम वर्ग का ही देश है और श्री मुंशी को पाकर हम लोग बहुत खुश हैं। इस अनुसूची 5 का समर्थन मैं अपनी वेश भूषा यानी धनुष वाण, व्याघ्र चर्म, कर्ण कुण्डल, ढोल और वंशी धारण करके नहीं कर रहा हूं, जिससे श्री मुंशी को निराशा हुई होगी। मुझे खेद है कि मैं उनको निराश कर रहा हूं। पर अगले जाड़े में उस संगठन को शिक्षा प्रदान करके, जिसके मुख्य जन्मदाता श्री मुंशी हैं, मैं प्रसन्नता का लाभ अवश्य करूंगा। उन्होंने मुझे आमंत्रण भी दे रखा है कि नर्तकों का एक दल लेकर मैं पश्चिमी भारत में पहुंचूं। उस मौके पर मैं यह दिखा दूंगा कि आदिवासी लोग शेष भारतवासियों को क्या सीख दे सकते हैं।

(श्री विश्वनाथ दास (उड़ीसा : जनरल) : मैं यह जानना चाहता हूं कि माननीय सदस्य ने क्या कभी आदिवासी वेश भूषा धारण भी की है?)

आखिर मिस्टर दास यह क्यों समझते हैं कि मैं वह पोशाक कभी पहनता ही नहीं, जिसे हमारे लोग पहना करते हैं। सहयोग तभी होगा, जब उभय पक्ष परस्पर सहयोग देने पर राजी हों। अविश्वास और शंका की जो भावना पहले दोनों तरफ वर्तमान थी, वह दोनों ही तरफ से उठ जानी चाहिये। गैर आदिवासियों को मित्र के रूप में आदिवासियों

के पास पहुंचना चाहिये। और फिर आदिवासियों को भी अपना समुचित स्थान, संविधान द्वारा देश के राष्ट्रीय जीवन में जो उनको सम्मान का स्थान प्राप्त होने जा रहा है, उसे ग्रहण करना चाहिए। मैं जानता हूं, प्रत्युत्तर में आदिवासी लोग अवश्य सद्भावना प्रदर्शित करेंगे। गत आम चुनाव के समय दौरे में चक्रधरपुर में, अध्यक्ष महोदय, मैं आपको याद दिलाऊं, आपने कहा था कि गत छह हजार वर्षों से आदिवासी लोग अपनी मर्यादा के लिये, अपने आत्म सम्मान के लिये लगन के साथ संघर्ष करते आ रहे हैं। अब आगे हमेशा चिरकाल तक वह यही कोशिश करेंगे कि भारत के सम्मान को क्षति न पहुंचने पाये। पांचवीं अनुसूची पर आये हुए इन संशोधनों का मैं बड़ी खुशी से समर्थन करता हूं।

सोमवार, 5 सितम्बर 1949

हमें अपने नागरिकों पर
हर हाल में विश्वास करना होगा

अध्यक्ष महोदय, मुझे यह स्वीकार करना होगा कि आज सुबह कुछ सदस्यों ने, यह कल्पना करके कि यदि सदन इस बात को या उस बात को पारित कर देगा तो आसाम (यहां आसाम का मतलब आज के उत्तर-पूर्व से है) के आदिवासी लोग क्या-क्या कर देंगे, जितना जहर उगला है उससे मैं स्तम्भित हो गया हूं। मैं चाहता हूं कि इनमें कुछ सदस्य उस समय उपस्थित होते जब कि आदिवासी समिति समवेत हुई थी और माननीय सरदार पटेल ने यह स्पष्ट किया था कि उन्होंने आसाम सम्बन्धी आदिवासी उप-समिति की सिफारिशों को क्यों स्वीकार किया था। क्या मैं उस बात को केवल दोहरा दूं जो उन्होंने कही थी? आसाम के आदिवासी क्षेत्रों को इन सिफारिशों को स्वीकार करने के लिये सहमत करने में बहुत कठिनाई पड़ी थी तथा बहुत लम्बी वार्ता हुई थी। भारत की ओर से सुनिश्चित वचन दिया गया था कि इन समझौतों, इन वचनों को पूरा किया जायेगा। इसी सुनिश्चित समझौते के आधार पर ही आदिवासी लोग उस आंदोलन को बन्द करने के लिये राजी हो गये थे। जिसकी प्रेरणा पुराने शासकों ने जाते समय उन्हें दी थी। मैं चाहता हूं कि लोग कुछ जान कर समझदारी की बात करें।

मास्को स्थित सुयोग्य राजदूत ने, विदाई के समय, हमें परिस्थितियों को सम्भालने के दो उपाय बताये थे। एक था शक्ति का उपाय, दूसरा ज्ञान (समझदारी) का उपाय। दूसरे कुछ सदस्यों की जोरदार भाषा में शक्ति-उपाय का आभास मिल रहा है। वे चाहते हैं कि आसाम के आदिवासी लोगों को अपनी इच्छाओं तथा अभिव्यक्त मर्जी के विरुद्ध कार्य करने के लिये बाध्य किया जाये। मेरा सुझाव है कि यह कोई उपाय नहीं है। यदि आप ऐसा करेंगे तो वही बात होगी जिसकी आपको आशंका है। आपके इस कार्य से भारत का खण्डन रुकेगा नहीं, अधिक हो जायेगा। अब अंग्रेजों को दोष देना व्यर्थ है कि उन्होंने क्या किया और किसी विशेष प्रकार से कार्य करने में उनका क्या उद्देश्य था। उसे

दोष देने से क्या लाभ है? अब तो सारी बात हमारे हाथ में है। हमें इन समस्याओं के विषय में राजनीतिज्ञता से काम लेना चाहिये। आसाम के आदिवासी लोगों की नीयत पर सन्देह करने से किसी को कोई लाभ नहीं होगा। क्या मेरे मित्रों को यह विश्वास है कि नागा अपने वचन का पक्का नहीं है? क्या आपका यह मतलब है कि लुशाई पहाड़ियों के लोग हमें धोखा देने का प्रयत्न कर रहे हैं? उनका क्या मतलब है? नेताओं और आदिवासीय उप-समिति के बीच, जो कि वहां गई थी, सुनिश्चित समझौता हुआ है। फिर यह संदेह क्यों?

मैं जानता हूं कि उनके कुछ भ्रमणों में कठिनाइयां थीं। उप-समिति को कई जगह जाने से रोक दिया गया था, यह मैं जानता हूं। पर ये सब बाधात्मक बातें किसी की प्रेरणा से हुई थी, इसका ठोस प्रमाण हमारे पास है और अब अंग्रेजों के चले जाने पर हमें ही इस स्थिति को संभालना होगा। आसाम सीमान्त रायफल्स से सहायता लेने या और किसी प्रकार से उनका दमन करने का उपाय सफल नहीं होगा। हमें अपने सह-नागरिकों में, उन पहाड़ियों के आदिवासी लोगों के हृदयों में विश्वास पैदा करना होगा। हमें यह करना चाहिये, और सच्चे हृदय से करना चाहिये, और उन्हें नीचा दिखाने की कोशिश नहीं करनी चाहिये और ऐसा नहीं समझना चाहिये कि वे भारतीय संघ के शत्रु हैं। वे शत्रु नहीं हैं। मेरे मित्रों की शिकायत है कि उन्होंने इन क्षेत्रों को नहीं देखा है। ठीक यही कारण है कि उन्हें इन आदिवासियों के विषय में बोलते समय सावधान रहना चाहिये।

मैं चाहता हूं कि समूचा देश मेरे मित्र, माननीय श्री गोपीनाथ बारदोलोई की कठिनाई को समझे, जो कठिनाइयां उन्हें तथा उनके सहयोगियों को आसाम के पूर्णतः वर्जित क्षेत्रों के विषय में सर्वप्रथम निश्चय करने में झेलनी पड़ी हैं। मैं नहीं समझता कि यह कहना सर्वथा सत्य है कि गैर- आदिवासी लोगों के लिये इन प्रदेशों में जाना असम्भव ही है। निस्सन्देह यह बिल्कुल ठीक है कि तथाकथित आंदोलन के कारण इन क्षेत्रों में जाना बहुत मुश्किल था। पर मैं नहीं समझता कि यही बात सामाजिक कार्यकर्ताओं के सम्बन्ध में भी कही जा सकती है कि उनका जाना भी राजनीतिज्ञों के समान ही मुश्किल था। मैं नहीं समझता कि ऐसा कहा जा सकता है। आसाम बहुत कठिनाइयों वाला प्रान्त है।

अन्तर्वर्गीय शत्रुता केवल पर्वतीय क्षेत्र में ही नहीं है। वह शत्रुता क्या है जो पहाड़ियों और मैदान के लोगों में है? वह शत्रुता क्या है जो मैदानी आदिवासियों और पहाड़ी आदिवासियों में है? मैं और भी बता सकता हूं। पर इस समय इस प्रकार का राग अलापना असामयिक होगा। पर पहाड़ी लोग सहमत हो गये हैं........

(श्री कुलधर चालिहाः क्या मैं माननीय सदस्य से जान सकता हूं कि क्या वे पहाड़ी आदिवासियों तथा मैदानी आदिवासियों के मध्य की शत्रुता का कोई उदाहरण दे सकते हैं? क्या वे एक भी उदाहरण दे सकते हैं? व्यापक बातें कहने से कोई लाभ नहीं है, यदि वे एक भी उदाहरण न दे सकें।)

मैं नहीं समझता, श्रीमान्, कि मेरे लिये विस्तार से बातें कहना जरूरी है। मैं नहीं समझता कि यह आवश्यक है। यदि सदन मेरे कथन को स्वीकार करने के लिये तैयार है तो कर सकता है। पर मैं अब भी कहता हूं कि कई प्रकार की शत्रुतायें विद्यमान हैं। सौभाग्य से, नये ढांचे में, हमें भूतकाल को भूल जाने का अवसर है और हम सुखपूर्वक नया अध्याय आरम्भ कर सकते हैं, जिसे आरम्भ करने के विषय में पहाड़ी लोगों ने आश्वासन दे दिया है, और मुझे बहुत प्रसन्नता है कि आदिवासी समिति ने उन पहाड़ी आदिवासियों की इच्छायें पूरी करने के लिये यथासम्भव प्रयत्न किया है। और स्वयं आदिवासी लोग, स्वयं पहाड़ी आदिवासी लोग, प्रान्त के नेताओं की इच्छा पूरी करने के लिये, काफी झुक गये हैं। पहाड़ी प्रदेशों को सदा के लिये पृथक रखने का कोई प्रश्न नहीं है। यह उनके लिये अच्छा नहीं है। यह बात आसाम के लिये भी अच्छी नहीं है। शेष भारत के लिये भी अच्छी नहीं है। यह नहीं होगा। संसार दिन प्रतिदिन छोटा होता जा रहा है, चाहे आप इसे चाहें या न चाहे। भारत शेष संसार से अलग नहीं रह सकता, पहाड़ी आदिवासियां भी नहीं रह सकतीं। और यह बात भी है कि गत विश्व युद्ध में इन प्रदेशों पर विभिन्न युद्ध करने वाले बलों का अधिकार रहा है। अब वे दुर्गम नहीं हैं। इन प्रदेशों में, इन पहाड़ी प्रदेशों में जो पहले दुर्गम थे नये विचार पहुंच गये हैं। स्थिति बिल्कुल बदल गई है। अब नई विचारधारा आ गई है। नागा आदिवासियों को अनन्त रूप में नरभक्षी समझना ठीक नहीं है। मैं चाहता हूं कि लोग हेमनडोर्फ की पुस्तक--'The Naked

Nagas' (नंगे नागा) पढ़ें आरै उन्हें समझने का प्रयत्न करें, चाहे वे नागा पहाड़ियों में न गये हों। लोगों को समझना चाहिये कि नागा लोगों के दिमाग में क्या विचार काम कर रहे हैं। इन लोगों के विषय में बहुत सी पुस्तकें हैं। मैं जानता हूं मेरे कुछ मित्र समझते हैं कि ये पुस्तकें अभारतीय लोगों द्वारा लिखी हुई हैं, अतः वे व्यर्थ हैं। मैं ऐसे दृष्टिकोण को गलत समझता हूं। बहुत से वैज्ञानिक हुये हैं, धर्मवृत्ति के लोग हुये हैं आरै बहुत से अन्य लोग हुये हैं जिन्होंने आसाम की पहाड़ी आदिवासियों के विषय में पुस्तकें लिखीं हैं, और मैं केवल यही चाहता हूं कि मेरे कुछ मित्र उनमें से कुछ पुस्तकें पढ़ें, और फिर वे समझ जायेंगे कि मेरे मित्र श्री बारदोलोई और उसके सहयोगियों को जो समस्यायें हल करनी हैं वे सचमुच बहुत बड़ी हैं, और मुझे सचमुच बहुत ही प्रसन्नता है कि उन्होंने साहस बटोरा है और उन्हें विश्वास है कि उप-समितियों ने जिस प्रकार के शासन, जिस प्रकार के प्रशासन की सिफारिश की है, चाहे वह बिल्कुल वैसा न हो जैसा वे चाहते हैं, पर उससे उन्हें आसाम के एकीकरण का अवसर मिलेगा, जो पहले बिल्कुल भिन्न खण्डों में विभाजित रखा गया था। मैं सदस्यों से अनुरोध करता हूं कि वे आदिवासियों के विषय में बोलते समय उदार बनें, उनके प्रति उदार हों और उन्हें भारत का शत्रु न समझें। यहां कुछ लोगों के मन में यही भाव बाकी है। वे ऐसा समझते प्रतीत होते हैं कि वे भारत से अलग होकर बर्मा में मिल जायेंगे या साम्यवादियों से मिल जायेंगे या ऐसी कोई बात होगी। मैं इतना निराशावादी नहीं हूं। वास्तव में मैं आसाम के भविष्य के विषय में बहुत आशावादी हूं विशेषतः, यदि छठी अनुसूची को, चाहे उसमें कुछ भी कमियां हों, यथेष्ट भावना से क्रियान्वित किया जाये--उदारता की भावना से और आसाम के पहाड़ी लोगों की सेवा करने की सच्ची इच्छा से, उन्हें अपने सहदेशीय समझ कर, ऐसे लोग समझ कर जिन्हें हम अपने में मिलाना चाहते हैं, जिन्हें हम अपने में से निकलने नहीं देना चाहते और जिनके लिये हम कितना ही त्याग करेंगे जिससे कि वे हमारे साथ रहें इस भावना से क्रियान्वित किया जाये।

मंगलवार, 6 सितम्बर 1949

भारतीय इतिहास को जानने के लिए आदिवासी भाषाओं का प्रश्रय जरूरी है

अध्यक्ष महोदय, मैं अनुभव करता हूं कि यदि मैं सदन से यह अनुरोध न करूं कि अनुसूची 7-क में कुछ आदिवासी भाषाओं को भी शमिल कर दिया जाये जिन्हें थोड़े से व्यक्ति नहीं, शब्दशः दसियों लाख व्यक्ति बोलते हैं, तो मैं अपना कर्तव्य समुचित रूप से पूरा नहीं कर रहा होऊंगा। मेरे संशोधन सं. 272 में लिखा है:

"कि चतुर्थ सूची के संशोधन सं. 65 में, प्रस्थापित नई अनुसूची 7-क में, निम्न नई मदें जोड़ दी जायें:-

'14. मुंडारी, 15. गोंडी, 16. उरांव।' "

श्रीमान्, यदि आप विगत जनगणना में अनुसूचित जनजातियों की सूची को देखें तो आपको पता लगेगा कि वहां 176 आदिवासी समुदायों का उल्लेख है। हां, 176 भाषायें नहीं हैं। वे उप-भाषायें हो सकती हैं और एक भाषा विभिन्न क्षेत्रों में जरा-जरा भिन्न हो सकती हैं। आप मुझसे पूछ सकते हैं कि मैंने 176 में से तीन को ही क्यों लिया है। श्रीमान्, मैं नहीं चाहता कि अनुसूची में बहुत सी भाषाओं का भार हो, और इसलिये मैंने केवल तीन महत्वपूर्ण भाषाओं को चुना है। मेरे संशोधन में उल्लिखित पहली भाषा 'मुंडारी' के विषय में मैं कह सकता हूं कि मैंने संथाली का उल्लेख नहीं किया है क्योंकि मुंडारी उन भाषाओं का वंशनाम है जिन्हें कभी ऑस्ट्रिक भी कहा जाता है और कभी मोन-खमेर भी कहा जाता है। मैं देखता हूं कि गत जनगणना में यह उल्लेख है कि 40 लाख व्यक्ति मुंडारी भाषा बोलते थे। मैं देखता हूं कि इस सूची या अनुसूची में इस समय ऐसी भाषायें समाविष्ट हैं जिन्हें बोलने वाले मुंडारी भाषियों से कम हैं।

इसी तरह उरांवों की भाषा को शामिल करने का मेरा कारण यह है कि हमारे देश में उरांव आदिवासी लोग कोई एक छोटा समूह नहीं है। उरांवों की संख्या ग्यारह लाख है। निश्चित रूप से, इस भाषा को 'कन्नड़ी' (शायद यहां आशय 'द्रविड़' से है) नामक भाषा के तहत

अनुसूची में जगह मिलती है; और यदि मेरे मित्र श्री बोनीफास लकड़ा को, जो वह भाषा बोलते हैं, यह संतोष हो जाता है कि उनकी भाषा उसमें समाविष्ट है, तो मैं मद 16-उरांव को वापस ले लूंगा।

मैंने यह भी मांग की है कि अनुसूची में एक भाषा 'गोंडी' भी होनी चाहिये क्योंकि उसके बोलने वाले 32 लाख हैं। इन तीन भाषाओं को स्वीकार करने के लिये सदन से प्रार्थना करने का मेरा मुख्य कारण यह है कि मैं अनुभव करता हूं कि उन्हें स्वीकार करने से प्राचीन इतिहास को खोज करने के कार्य में प्रोत्साहन मिलेगा।

किसी न किसी प्रकार आज सदन में दो वर्ग हैं- शुद्ध हिन्दीवादी और दूसरे लोग जो उदारता से यह स्वीकार करते हैं कि भाषा का विकास समय पर छोड़ देना चाहिये। मैं यह कहना चाहता हूं कि मैं तो वही स्वीकार करने के लिए तैयार हूं जो सदन सुनिश्चित कर दे। किन्तु कई लोगों में जो शुद्धताई की कट्टरता आ गई है उस पर मेरे हृदय में प्रबल विरोध उत्पन्न होता है। भाषा क्या है? भाषा वह है जो बोली जाती है। मेरे विचार में हमारा यह सोचना अवनतिसूचक है कि हम आज बोली जाने वाली भाषा को भावनावश शत-प्रतिशत संस्कृत शब्दों से भरकर उन्नत बना सकते हैं। मैं संस्कृत की बहुत प्रशंसा करता हूं। मैं हिन्दी ही बोलता हूं जैसी कि मेरे प्रान्त बिहार में बोली जाती है, किन्तु वह ऐसी हिन्दी नहीं है जैसी कि मेरे मित्र यहां स्वीकार करना चाहते हैं। वही हिन्दी भाषा रखिये जो सब जगह बोली जाती है। उसे अन्य भाषाओं से शब्द लेकर उन्नति करने दीजिये। हमें यह नहीं सोचना चाहिये कि यदि हिन्दी या हिन्दुस्तानी में अन्य शब्द आ जायेंगे तो वह गरीब हो जायेगी। भाषा का विकास और उन्नति तभी होती है जब उसमें अन्य भाषाओं से शब्द ग्रहण करने का साहस हो, मुझे कोई आपत्ति नहीं है आप उसे हिन्दुस्तानी कहिये या हिन्दी। आप जो निश्चय करेंगे मैं जल्दी सीख लूंगा। आदिवासी इसे सीख लेंगे। वे दुभाषी या त्रिभाषी होते हैं। पश्चिम बंगाल में संथाल बंगाली भी बोलते हैं और अपनी मातृ-भाषा भी। आप जहां जायेंगे यही देखेंगे कि आदिवासी अपनी मातृभाषा के अतिरिक्त उस क्षेत्र की भाषा को अपना लेता है।

बिहार का एक भी सदस्य नहीं है जिसे आदिवासी भाषा सीखनी पड़ी हो। क्या मेरे मित्र पण्डित रविशंकर शुक्ल मुझे बता सकते

हैं कि यदि मध्य प्रदेश में 32 लाख गोंड लोग भी हैं पर क्या उन्होंने गोंडी भाषा सीखने का प्रयत्न किया है? क्या किसी बिहारी ने संथाली सीखने का प्रयत्न किया है यद्यपि आदिवासियों से अन्य भाषायें सीखने के लिये कहा जाता है? हमारे लिये यह गर्व की बात है कि हम अन्य भाषाएं भी बोल सकते हैं।

मेरे विचार में इसका बदला भी होना चाहिये। कुछ सहिष्णुता की भावना होनी चाहिये, और जो प्रान्त हिन्दी बोलते हैं उन्हें एक अन्य भाषा सीखनी चाहिये। हमें ऐसी ही भावना प्रदर्शित करनी चाहिये। हमें यह नहीं कहना चाहिये कि शेष देश को हमारी भाषा सीखनी चाहिये क्योंकि हम अन्य कोई चीज नहीं सीखेंगे।

श्रीमान्, जैसा कि मैंने कहा, हमें अभी भारत के वृद्ध पुरातत्व की खोज करनी है। हमें प्राचीन भारत का हाल बहुत कम पता है और प्राचीन भारत के विषय में जानकारी प्राप्त करने का एकमात्र उपाय यही है कि उन भाषाओं को सीखा जाये जो इस देश में भारतीय-आर्यों के आने से पहले प्रचलित थीं। केवल तभी हम जान सकेंगे कि प्राचीन काल में भारत किस प्रकार का था। मैं जानता हूं मेरे मित्र श्री मुंशी का यह ख्याल है कि जब मैं 'आदिवासी' शब्द का प्रयोग करता हूं, मेरे मन में आदिवासी गणराज्यों का ख्याल होता है। वे शायद समझते हैं कि मैं इस संशोधन द्वारा तीन आदिवासी गणराज्य स्थापित करने का प्रयत्न कर रहा हूं। श्रीमान्, ऐसी बात नहीं है। संथाली को लीजिये। यदि मेरा संशोधन स्वीकार हो जाता है तो उसका प्रभाव पश्चिमी बंगाल, आसाम, निःसंदेह बिहार तथा उड़ीसा पर पड़ेगा। गोंडी का मामला लीजिये। गोंडी मुख्यतः मध्य प्रदेश में है, किन्तु वह हैदराबाद तक विस्तृत है, थोड़ी सी मद्रास में और जरा-सी बम्बई में भी है। इनमें से कोई भी अलग क्षेत्र नहीं है। गोंड लोग दूरस्थ प्रान्तों तक फैले हुये हैं। मैं तो केवल यही चाहता हूं कि इन भाषाओं को प्रोत्साहित और विकसित किया जाये ताकि वे स्वयं उन्नत हों और अपनी उन्नति से देश की राष्ट्रभाषा को भी उन्नत बना सकें। मैं नहीं चाहता कि हम भाषाजनित साम्राज्यवाद में फंस जायें। मैं जहां भी गया वहां की भाषा को सीखना मेरे लिये आनन्द की वस्तु थी।

जहां तक लिपि का संबंध है, मेरे बहुत प्रबल विचार हैं और उसके कारण हैं। मैं अनुभव करता हूं कि हम देवनागरी को स्वीकार

करके एक गलत काम कर रहे हैं। मैं तीस वर्ष से डॉ. सुनीति कुमार चटर्जी की विचारधारा को मानता हूं कि सब भारतीय भाषाओं के लिये अन्तर्राष्ट्रीय ध्वनि-प्रणाली होनी चाहिये। अन्तर्राष्ट्रीय ध्वनि-प्रणाली का अर्थ यह है कि मैं तमिल का ऐसे ही उच्चारण कर सकता हूं जैसे कि कोई तमिल-भाषी करता है। मैं कन्नड़ी भाषा को ऐसे बोल सकता हूं जैसे कोई कन्नड़ भाषी बोलता है। किसी भाषा को जाने बिना ही मैं उसे पढ़ सकता हूं और उसका उच्चारण कर सकता हूं जैसे उस भाषा वाला उसका उच्चारण करता है, पर मैं जानता हूं कि सदन उसे स्वीकार नहीं करेगा। जब तक मेरे मित्रों में भय-भाव है तब तक मुझे भय है कि उनसे ऐसी लिपि स्वीकार करने का अनुरोध करना व्यर्थ है जो दूसरों को पढ़ाने के या स्वयं पढ़ने के प्रयोजन के लिये ही ठीक न हो।

इसका वाणिज्यिक पहलू भी है। यह सुविख्यात बात है कि मुद्रण कल के सब उत्पादकों को देवनागरी लिपि के कारण सरदर्द रहा है। जितने समय में आप अंग्रेजी में लगभग पन्द्रह बीस हजार प्रतियां छाप सकते हैं उतने समय में देवनागरी में आप इसका दसवां भाग भी नहीं छाप सकते। अब यह इस मामले का वाणिज्यिक पहलू है। मैं भावुकता की बात नहीं कर रहा हूं। मेरे विचार में देश के लिये ऐसी कोई बात करना बुद्धिमानी नहीं है जिससे इसकी प्रगति कम हो जाये। देवनागरी स्वीकार करके हम अपने मार्ग में बाधा डाल रहे हैं, हम तब तक बहुत तीव्र गति से आगे नहीं बढ़ सकेंगे जब तक कि मेरे मित्र ऐसी मशीनें न बना लें जो अन्तर्राष्ट्रीय वर्णमाला के समान द्रुतगति से चलेंगी या उससे जरा ही कम गति से चलेंगी।

श्रीमान्, मुझे बहुत अधिक कुछ नहीं कहना है। मुझे तो यही अनुरोध करना है कि इस देश के प्राचीनतम लोगों की भाषाओं को इस अनुसूची में मान्य स्थान मिलना चाहिये। मैं दोनों ओर के सदस्यों को आश्वासन देना चाहता हूं कि मैं इस भाषा तथा लिपि संबंधी झगड़े में नहीं पड़ना चाहता। सदन जो कुछ स्वीकार कर लेगा, मैं और मेरे लोग शीघ्र उसे अपना लेंगे, और इसी भावना से मैं सदन से कहता हूं कि वह मेरे संशोधन को स्वीकार कर अपनी सहिष्णुता प्रदर्शित करें।

बुधवार, 14 सितम्बर 1949

हम यहां भिखारियों की तरह हाथ फैलाने के लिये नहीं आये हैं

अध्यक्ष महोदय, मैं मसौदा समिति को बधाई देने के लिये आगे बढ़ा हूं क्योंकि यदि वह अनुच्छेद 320 के खंड (4) के सम्बन्ध में इस संशोधन को उपस्थित नहीं करती तो उसका आशय पहले की अपेक्षा अधिक स्पष्ट नहीं होता। मैं यह कहूंगा कि मेरे माननीय मित्र पंडित ठाकुर दास भार्गव ने सभा के समक्ष जो संशोधन उपस्थित किया है उसे देख कर मुझे बहुत आश्चर्य हुआ है। मेरी याददाश्त् बहुत कमजोर नहीं है। कुछ ही महीने पूर्व उन्होंने स्वयं अपने को तथा सभा को इसके लिये बधाई दी थी कि शताब्दियों से जो कार्य नहीं हो पाया था वह आज सम्पन्न कर दिया गया है। किन्तु अब वह अपने ही शब्दों की उपेक्षा करके मसौदा-समिति, अनुसूचित जातियों, अनुसूचित जनजातियों और पिछड़े हुए वर्गों पर यह आरोप लगाने का प्रयास कर रहे हैं कि उन्होंने अपना एक साम्प्रदायिक समूह बना लिया है। मुझसे पूर्व बोलने वाले वक्ता महोदय ने अभी इस ओर संकेत किया था। श्रीमान, हम इसकी मांग साम्प्रदायिक दृष्टि से नहीं कर रहे हैं। हम कोई भी चीज नहीं चाहते हैं। यदि आप इसे नहीं देना चाहते तो न दीजिये। हम उसकी मांग नहीं कर रहे हैं। आप दाहिने हाथ से दे कर बायें हाथ से छीन न लीजिये। मैं हर बार यह कहता रहा हूं कि यह मेरा सौभाग्य है कि मैं देश के सबसे पिछड़े हुए वर्ग का प्रतिनिधि हो कर, तथा उनकी ओर से तर्क उपस्थित करने के लिये इस सभा में उपस्थित हुआ हूं और मैं हमेशा यह भी कहता रहा हूं कि मैं यहां भिखारियों के समान हाथ फैलाने के लिये नहीं आया हूं। यदि आप कोई अधिकार प्रदान करना चाहते हैं तो खुले दिल से प्रदान कीजिये।

जहां तक मैं समझता हूं मसौदा-समिति ने केवल यह स्पष्ट किया है कि संविधान के मूलाधिकारों तथा निदेशक तत्वों का क्या उद्देश्य है। इसके अतिरिक्त उन्होंने और कुछ नहीं किया है। मेरे मित्र इसे सबसे पहले स्वीकार करेंगे कि अनुसूचित जातियां तथा अनुसूचित जनजातियां

पिछड़े हुए वर्ग हैं। पहले जब विचार-विमर्श हुआ था उस समय तथा अपने पहले के भाषणों में वे स्वीकार कर चुके हैं कि पिछड़े हुए वर्गों को सामान्य स्तर पर लाने की आवश्यकता है। जब तक आप अपने उद्देश्य की पूर्ति के लिये कोई साधन नहीं अपनायेंगे तब तक आप यह कैसे करेंगे? हम खूब भाषण सुन चुके हैं और शताब्दियों से सुनते आये हैं। इस संविधान में हम इस सम्बन्ध में उपबन्ध रख रहे हैं कि इन उद्देश्यों को किस प्रकार पूरा किया जायेगा। आपने हमसे अपील की है कि हम लंबे भाषण न दें। मैं कोई लम्बा भाषण नहीं देना चाहता और केवल यह कहना चाहता हूं कि उदारता दिखाइये और वास्तविक अर्थ में उदारता दिखाइये।

सोमवार, 14 नवम्बर 1949

संविधान का मूल्यांकन हमारी नीयत और क्रियान्वयन के तौर-तरीकों से होगा

अध्यक्ष महोदय, आपने एक ही बात बार-बार यहां ना दुहराने की सलाह हम लोगों को अवश्य दी है पर अगर अनुमति हो तो थोड़ी देर के लिये आपके इस परामर्श को भूल कर के डॉ. अम्बेडकर और कठिन परिश्रम का भार वहन करने वाले साथियों ने संविधान निर्माण के काम में जो अथक प्रयास किया है उसके लिये उन्हें धन्यवाद दूं तथा आपके प्रति भी कृतज्ञता ज्ञापित करूं। उस असीम धैर्य के लिये जिसका कि परिचय आपने सभा के कार्य संचालन में यहां दिया है। आपके प्रति एवं मसौदा समिति के सदस्यों के प्रति कृतज्ञता ज्ञापन करते समय मैं, संविधान सभा के कार्यालय के कर्मचारियों द्वारा की गई ज्ञात एवं अज्ञात महती सेवाओं को भी भूल नहीं सकता हूं।

मैं समझता हूं कि संविधान सभा के छोटे से छोटे से लेकर बड़े से बड़े सभी कर्मचारी हमारी कृतज्ञता के पात्र हैं। संविधान सभा के हम सदस्यों को तो अपने पद के कारण कठिन श्रम करना ही पड़ा है पर कार्यालय के कर्मचारियों ने हमें अपनी सेवाएं प्रदान करने में बड़ी निष्ठा और परिश्रम का परिचय दिया है। उस तमाम अवधि में जब तक कि हम यहां रहे हैं, इन्होंने जिस तत्परता, सेवा भावना और श्रम से काम किया है उसकी हम सबको यहां सराहना करनी चाहिये। संविधान सभा के कार्यालय का एक भी कर्मचारी अगर बेकाम हो जाता है तो इससे संविधान की पवित्रता में बट्टा लग जायेगा। अतः मैं आशा करता हूं कि ऐसी स्थिति न आने दी जायेगी कि इस कार्यालय का कोई कर्मचारी बेकाम हो जाये। निजी तौर पर मैं यही देखना चाहता हूं कि चाहे जैसे हो संविधान सभा का प्रत्येक कर्मचारी जिसने संविधान में हमारे साथ काम किया है वह अगर यहां मूलभावी कार्यालय में अगले साल से नहीं खपाया जा सकता है तो अन्यत्र कहीं न कहीं किसी दफ्तर में उसे अवश्य काम में लगा दिया जायेगा। मैं नहीं समझता कि इस सम्बन्ध में इस कार्यालय के किसी विभाग विशेष का खास तौर पर नामोल्लेख

करने की मुझे जरूरत है। हम सभी जानते हैं कि इस कार्यालय के वर्तमान सभी कर्मचारियों ने किस तत्परता के साथ यहां काम किया है। चाहे हिसाब किताब की बात रही हो या पेट्रोल दिलाने का काम रहा हो या सुविधानुसार आवास स्थान के प्रबन्ध की बात रही हो अथवा फरनीचर दिलाने का काम रहा हो। इन्होंने हर काम में सदा मुस्तैदी का परिचय दिया है। मैं यह महसूस करता हूं कि मुझे इनकी सेवाओं की सराहना यहां अवश्य करनी चाहिये क्योंकि फाइनांस कमेटी का सदस्य होने के नाते मैं जानता हूं कि इन्होंने कितनी लगन और मेहनत से यहां काम किया है। इनकी सेवाओं का उल्लेख करने में मुझे अधिक ख्याल हो रहा है उन लोगों का जिनके काम को हमने कभी देखा नहीं, जो लोग इस इमारत की ऊपर की मंजिलों में बैठकर काम करते रहे हैं। मुझे केवल उन्हीं लोगों का ख्याल नहीं है जो काम के सिलसिले में रोज हमारे सामने आया करते थे।

मैं नहीं समझता कि संविधान के सम्बन्ध में कुछ कहना मेरे लिये जरूरी है। इस संविधान की रचना हम लोगों ने की है। मैं जानता हूं कि कुछ क्षेत्र ऐसे हैं जो इससे पूर्णतः सन्तुष्ट नहीं हैं। यह स्वाभाविक बात है। कोई भी संविधान देश के सभी वर्गों को खुश नहीं कर सकता है फिर भारत जैसे विशाल देश का तो कहना ही क्या है। फिर भी मेरा ख्याल यही है कुल मिला कर अपना यह संविधान सन्तोषप्रद ही है न कि असन्तोषप्रद। मुझे इस बात का बड़ा विश्वास है कि मानव निर्मित अपना यह संविधान सफल ही सिद्ध होगा अगर इसे कार्यान्वित करने में लोग सच्चाई और उदारता से काम लें। संविधान की कई बातों से हो सकता कि अभी लोगों को चिन्ता होती हो। पर संविधान में ऐसी बातें हैं जिनसे इस बात की पूरी सम्भावना है कि यह संविधान लोकतंत्रात्मक ही सिद्ध होगा। पर दूसरी ओर कुछ ऐसी बातें भी हैं जो चिन्ता में डालने वाली हैं और जिनके कारण हो सकता है कि यहां का शासन सर्वेसर्वा बन जाये। इसमें सभी बातें हैं। अब यह हमारा काम है कि हम इसे जैसा चाहे बनावें। इस संविधान में लचीलापन है जिसके आधार पर हम इसे चाहे जैसा बनावें। संविधान में लिपिबद्ध किये गये शब्दों का कोई महत्व नहीं होता है। कालान्तर में चल कर महत्व रखती है वस्तुतः वह सजीवता जो हम इसमें लिपिबद्ध किये गये शब्दों को देते हैं।

मैं जानता हूं आदिवासियों से सम्बन्ध रखने वाली बहुत सी ऐसी बातें हैं जो संविधान में नहीं लिपिबद्ध की गई हैं। उदाहरण के लिये, हमें अभी भी यह नहीं मालूम हो पाया है कि राष्ट्रपति अनुसूचित क्षेत्र घोषित करने के बारे में किस तरह काम करेगा। हमें यह नहीं मालूम है कि विभिन्न अनुसूचित जनजातियों की सूची किस तरह तैयार की जायेगी। हमें अभी भी इस बात का पता नहीं है कि इन क्षेत्रों का शासन केन्द्र से एक रूप में होगा ताकि जहां अनुसूचित जनजातियां हैं उन प्रान्तों का काम इस सम्बन्ध में विनियमित रूप में हो। इनमें किसी भी बात का उल्लेख संविधान में नहीं हुआ है फिर भी मैं पर्याप्त विश्वास के साथ यह कहता हूं कि अनुसूचित जनजातियों का तथा औरों के सामने सुन्दर भविष्य अवश्य आयेगा क्योंकि इस देश के भविष्य को बनाना या बिगाड़ना, इस संविधान को बनाना या बिगाड़ना हम लोगों पर निर्भर करता है। इस महती विश्वास को लेकर ही मैं इस संविधान का सम्यक समर्थन करता हूं।

बृहस्पतिवार, 24 नवम्बर 1949

परिशिष्ट

भारतीय विधान-परिषद्

बुधवार, 1 दिसम्बर, 1948 ई.

भारतीय विधान-परिषद् की बैठक कांस्टिट्यूशन हाल, नई दिल्ली में प्रातः साढ़े नौ बजे समवेत हुई। उपाध्यक्ष महोदय (डॉ. एच.सी. मुकर्जी) अध्यक्ष-पद पर आसीन थे।

उपाध्यक्ष : संशोधन संख्या 489 जो मि. मोहम्मद ताहिर और सय्यद जाफर इमाम के नाम से है।

श्री मोहम्मद ताहिर : श्रीमान्, मैं यह उपस्थित करता हूं कि :

> ''अनुच्छेद 13 के खण्ड (5) में 'either' (अथवा) शब्द और 'or for the protection of the interests of any aboriginal tribe' (किसी आदिवासी जाति के हित-रक्षार्थ) शब्द निकाल दिये जायें।''

श्रीमान्, मैं इस सम्बन्ध में कोई भाषण देने नहीं जा रहा हूं, परन्तु केवल यह निवेदन करना चाहता हूं कि इन शब्दों के निकल जाने से इस खण्ड को सामान्य रूप प्राप्त हो जायेगा। किन्तु उसमें आदिवासी जातियों की रक्षा अवश्य ही सन्निहित है। मुझे यह ज्ञात हुआ है कि मसौदा-समिति का भी यही मत था, परन्तु मेरी समझ में नहीं आता कि इस खण्ड में ऐसी शब्दावली क्यों रखी गई है। जो कुछ भी हो, मेरे विचार से अच्छा तो यही होगा कि इन शब्दों को उसी प्रकार निकाल दिया जाये जैसा मैंने सुझाया है।

उपाध्यक्ष : संशोधन संख्या 490 उसी संशोधन के समान है जो अभी उपस्थित किया जा चुका है और इसलिये उसे उपस्थित करने की आवश्यकता नहीं है। संशोधन संख्या 488 का दूसरा भाग और संशोधन संख्या 491 का आशय समान है। संशोधन संख्या 491, जो डॉ. अम्बेडकर के नाम से है, उपस्थित किया जा सकता है।

माननीय डॉ. बी.आर. अम्बेडकर : उपाध्यक्ष महोदय, मैं यह उपस्थित करता हूं कि :

> ''अनुच्छेद 13 के खण्ड (5) में 'aboriginal' (आदिवासी) शब्द के स्थान में 'scheduled' (अनुसूचित) शब्द रखा

जब मसौदा-समिति मूलाधिकारों के प्रश्न पर विचार कर रही थी तो उस समय वन-जातियों के क्षेत्रों के सम्बन्ध में जो समिति नियुक्त की गई थी उसने अपना प्रतिवेदन उपस्थित नहीं किया था और इसलिये मसौदा बनाते समय हमें 'आदिवासी' शब्द रखना पड़ा। बाद को हमने देखा कि वनजातियों के क्षेत्र-सम्बन्धी समिति ने भी 'अनुसूचित जातियां' शब्द प्रयोग किये थे और इसलिये इस विधान से जो अनुसूचियां संलग्न हैं उनमें हमने 'अनुसूचित जातियां' शब्द प्रयोग किये हैं। भाषा की एकरूपता की दृष्टि से 'आदिवासी' शब्द के स्थान में 'अनुसूचित' शब्द रखना आवश्यक है।

उपाध्यक्ष : मेरे विचार से इस संशोधन पर एक संशोधन है। वह सूची 1 का संशोधन संख्या 56 है जो श्री फूलसिंह के नाम से है।

(सूची 1 का संशोधन संख्या 56 उपस्थित नहीं किया गया।)

उपाध्यक्ष : इसका अर्थ यह है कि इस संशोधन संख्या 491 का स्वरूप जैसे का तैसा बना रहा।

भारतीय विधान-परिषद्

बृहस्पतिवार, 2 दिसम्बर, सन् 1948 ई.

भारतीय विधान-परिषद् की बैठक कांस्टिट्यूशन हाल, नई दिल्ली में प्रातः साढ़े नौ बजे उपाध्यक्ष (डॉक्टर एच.सी. मुकर्जी) की अध्यक्षता में हुई।

अनुच्छेद 13 – (जारी)

उपाध्यक्षः (डॉक्टर एच.सी. मुकर्जी) : हम अनुच्छेद 13 पर वाद-विवाद को पुनः आरम्भ करेंगे।

मैं इस सम्बन्ध में सभा के विचार जानना चाहता हूं कि हम अनुवर्त्ती संशोधनों पर किस प्रकार विचार करें - कल हमने इन संशोधनों पर विचार-विमर्श स्थगित कर दिया था : संशोधन संख्या 442, संख्या 499, संख्या 443 का दूसरा भाग, संख्या 468 और संख्या 501।

(जयपाल सिंह मुंडा का वक्तव्य पृष्ठ 85 पर देखें)

मौलाना हसरत मोहानी (संयुक्तप्रांत : मुस्लिम) : जनाब आली, ... मि. कामत ने जो यह बात कही है कि हर एक शख्स को इसका हक होना चाहिये कि वह हथियार रख सके। यह एक टेस्ट अमेण्डमेण्ट है। अगर डॉक्टर अम्बेडकर और उनकी कमेटी दयानतदार है, तो उनको बिना शुबाह इस सेक्शन को मंजूर करके इसको फौरन इसमें दाखिल करना चाहिये। अगर वह इसमें किसी किस्म का हजर-बजर या उज़्र करें जैसा कि वह मुझे उम्मीद है कि कर सकते हैं क्योंकि डॉक्टर अम्बेडकर की कानूनी काबलियत मुसल्लिमा है। वो अगर यह चाहें तो दिन को रात और रात को दिन कर सकते हैं और इसको ऐसा करके निकाल सकते हैं। तो मैं उनसे यह कहूंगा कि यह एक टेस्ट अमेण्डमेण्ट है और अगर इसको दाखिल नहीं करेंगे तो इसके माने यह होंगे कि आपकी टेन्डेन्सी भी इसी तरफ है जिस तरफ कि ब्रिटिश गवर्नमेण्ट की थी। आपको मालूम है कि ब्रिटिश गवर्नमेण्ट ने क्या किया था। उन्होंने हिंदुस्तान के ऊपर 'आर्म एक्ट' लगा दिया था। इसका नतीजा यह हुआ था कि हिन्दुस्तान के कुल रहने वाले बिल्कुल

बेकार होकर रखे गये थे। अगर आपकी मन्शा भी यही है तो वह अलग बात है। लेकिन अगर यहां पर कौमी हुकूमत है और हिन्दुस्तानी गवर्नमेण्ट है तो कोई वजह नहीं कि आप किसी शख्स को उस हक से महरूम करें। अगर आप 'आर्म एक्ट' को बना कर इसमें शामिल करेंगे और लोगों को यह हक नहीं देंगे तो मैं यह कहूंगा कि आपका ऐटीट्यूड और तरीका इससे भी बदतर है जो कि ब्रिटिश गवर्नमेंट का था।

...मैं अपने इस जाती तजुरबे की बिना पर जो कि मुझे यू. पी. के मुताल्लिक है, अर्ज करना चाहता हूं। मैं खासकर कानपुर शहर, जिसको कि मैं रिप्रेजेण्ट करता हूं, के मुताल्लिक अर्ज करूंगा कि वहां पर यू.पी. गवर्नमेण्ट ने तमाम उन पार्टियों पर जिनसे उनको यह खौफ था कि वह आयन्दा जनरल इलेक्शन में उनके खिलाफ खड़े होंगे, ख्वाह वह सोशलिस्ट पार्टी के थे या कम्युनिस्ट पार्टी के थे या इण्डिपेन्डेण्ट सोशलिस्ट पार्टी के थे, जिसमें तमाम मुसलमान आते हैं या फारवर्ड ब्लाक के थे या और भी वह लोग जिन पर कि उनको यह शबाह था कि वह उनके खिलाफ इलेक्शन में खड़े होंगे, उन पर छांट-छांट कर पाबन्दी लगा दी और किसी न किसी बहाने से 'डिफेन्स ऑफ इण्डिया एक्ट' की जद में लाया, किसी को गुंडा बना कर और किसी को कम्युनिस्ट बनाकर और किसी को यह कह कर कि वह हैदराबाद को सपोर्ट करता है और वहां के लिये चन्दा जमा करता है और किसी को यह कह कर कि वह कम्युनिस्टों की इस पार्टी से ताल्लुक रखता है जो कि 'अण्डर ग्राउण्ड' कार्यवाहियां करते हैं, जेल भिजवाया गया। गर्ज यह है कि तमाम रायल पोलिटिकल पार्टी के खिलाफ उन्होंने इस चीज को आयद कर दिया और मुसलमानों के साथ यहां तक भी किया गया कि जो कोई भी पोजीशन वाला मुसलमान कानपुर में रहता था, उसके घर की तलाशी ली गई और उसके घर से अगर एक छुरी जो कि बावर्चीखाने में तरकारी काटने के काम आती है, भी निकली तो उसको आर्म एक्ट की जद में लाकर जेलखाने भेज दिया।

...मैं खुसूसन मुसलमानों के मुताल्लिक कहता हूं कि उनके पर्सनल लॉ में जो तीन चीजें हैं, यानी रिलीजन, लैंग्वेज और कलचर, वह किसी आदमी ने नहीं बनाये हैं। बल्कि उनके पर्सनल लॉ जो तलाक, निकाह और विरासत के मुताल्लिक हैं, वह कुरान में से हैं। और उनकी

तशरीह वहां मौजूद है। अगर किसी के दिमाग में यह बात है कि वह मुसलमानों के पर्सनल लॉ में दखल दे सकता है तो मैं उससे यह कह दूंगा कि इसका नतीजा बहुत ही बुरा होगा।

(मैं इस सभा में यह कह सकता हूं कि उनको दुःख होगा। अपने वैयक्तिक कानून में किसी प्रकार के हस्तक्षेप को मुसलमान सहन नहीं करेंगे। यदि कोई ऐसा कहने का साहस करता है तो मैं यह घोषणा करता हूं कि   ...)

उपाध्यक्ष : शान्ति, शान्ति।

मौलाना हसरत मोहानी : उसको इस बात में विश्वास करना चाहिये कि अपने वैयक्तिक कानून में किसी प्रकार के हस्तक्षेप को मुसलमान सहन नहीं करेंगे और उनको मुसलमानों के हर प्रकार के दृढ़ विरोध का कड़ा मुकाबला करना होगा।

(बाधायें)

श्री विश्वम्भर दयालु त्रिपाठी (संयुक्तप्रान्त : जनरल) : क्या आप उन लोगों को नर-बलि देने का अधिकार देंगे जो उसमें विश्वास करते हैं और अपने वैयक्तिक नियम के बहाने उसकी मांग करते हैं?

(बाधायें)

उपाध्यक्ष : क्या माननीय सदस्य कृपा कर अपने-अपने स्थान ग्रहण करेंगे?

श्री ब्रजेश्वर प्रसाद (बिहार : जनरल) : मैं अनुच्छेद 13 को उसके समस्त अपवर्जनों तथा संरक्षणों के सहित समर्थन करता हूं। हमारे राष्ट्रीय हित के लिये ये प्रतिबन्ध आवश्यक हैं। इस कथन को मैं प्रमाण देकर पुष्ट करूंगा।

...यदि पूंजीवाद की धमकी का सामना करना है तो वैयक्तिक स्वतंत्रता को कम करना ही होगा। ... यदि हमारे आधुनिक जीवन की समस्त संस्थाओं की सुरक्षा तथा सत्ता को साम्यवादियों द्वारा संकट में डाले जाने से बचाना है तो राज्य को बृहद् स्वविवेकात्मक अधिकार प्रदान करने चाहिये और वैयक्तिक स्वतन्त्रता को बहुत कम कर देना चाहिये।

श्री अमिय कुमार घोष (बिहार : जनरल) : उपाध्यक्ष महोदय, आज हम इस विधान के एक बड़े ही महत्वपूर्ण खण्ड पर विचार कर रहे हैं। ...मैं माननीय डॉक्टर बी.आर. अम्बेडकर का ध्यान

विशेषतया उप-खण्ड (5) की ओर आकर्षित करूंगा। जो अधिकार खण्ड (1) के (घ), (ङ) और (च) उप-खण्डों द्वारा मान्य किये गये हैं उनको इस उप-खण्ड (5) द्वारा लगभग अमान्य कर दिया है। इसके कारण निवास स्थान और सम्पत्ति के अवापन तथा यापन सम्बन्धी विषयों की ठीक स्थिति के सम्बन्ध में अनेकों व्यक्तियों के मन में गम्भीर चिन्ता उत्पन्न हो गई है।(ङ) और (च) के सम्बन्ध में खण्ड (5) के ठीक-ठीक अर्थ के लिये और भी स्पष्टीकरण की आवश्यकता है। और मैं यह भी नहीं समझ पाता हूं कि इस खण्ड में ''किसी आदिवासी जाति के हित-रक्षार्थ'' शब्द क्यों रखे गये हैं। इनका ठीक-ठीक अर्थ क्या है, यह समझने में मैं असमर्थ हूं। क्या इसका अर्थ 'वनजाति-क्षेत्र' से है अथवा यह कि जहां कहीं कोई आदिवासी जाति रहती है, उनकी संख्या का ध्यान न रखते हुये, विधान-मण्डल उनके हितों का संरक्षण करते हुये कानून बना सकते हैं, उदाहरण के रूप में यदि दिल्ली में 15 आदिवासी रहते हैं तो क्या केन्द्रीय विधान-मण्डल कोई ऐसा कानून बना सकता है जिसके द्वारा वह इन पन्द्रह या सोलह आदिवासियों के हितार्थ अन्य व्यक्तियों के अधिकारों को आयंत्रित कर सके? यह बात तो मैं समझ सकता था कि वनजाति-क्षेत्र के सम्बन्ध में यह बात होती। परन्तु कोई भी व्यक्ति यह नहीं समझ सकता है कि जहां कहीं भी थोड़े से आदिवासी हों वहां का विधान-मण्डल कोई ऐसा कानून बना सके जिसके द्वारा वह उन थोड़े से व्यक्तियों की रक्षार्थ अन्य सब लोगों के अधिकार आयंत्रित कर सके।

श्री लक्ष्मीनारायण साहू (उड़ीसा : जनरल) : ...एक बात आदिवासियों के बारे में। श्री जयपालसिंह ने जो कुछ कहा है उसक साथ मैं थोड़ी दूर तक सहारा देना चाहता हूं। आदिवासी जो हैं वह आर्म्स ले कर जाते हैं। लेकिन यह हमको देखना चाहिये कि इस अंश में जो कहा गया है कि "to assemble peaceably and without arms"। उन लोगों की जो रीति-रिवाज हैं जिसमें वह आर्म्स लेकर जाते हैं उसको हटा दिया जायेगा या नहीं। मेरा ख्याल है कि जहां aboriginals के बारे में दूसरी-दूसरी बातें कही हैं, उन पर शायद यह लागू नहीं होगा। तो जब लागू नहीं होगा तो यह ठीक है। तो भी यह रहता है। तो "to assemble peaceably and without arms" जो

यहां है इसमें मेरा कोई झगड़ा नहीं है। लेकिन आर्म्स एक्ट को हटा कर सब आदमियों को आर्म्स देने का अधिकार और हम लोग डरपोक नहीं रहेंगे, यह प्रबन्ध इस कान्स्टीट्यूशन में कहीं नहीं है। इसलिये मैं चाहता हूं कि यह प्रबन्ध यहां होना चाहिये कि आर्म्स एक्ट हटा दिया गया और सब आदमियों को आर्म्स रखने की इजाजत दी जायेगी। इस बारे में मैं ज्यादा नहीं कहना चाहता हूं।

अक्सर आज minority, minority बोलते हैं, उसकी बात अब नहीं करनी चाहिये। minority क्या है, जब हम लोग सब आदमियों के लिये एक provision करते हैं दो नहीं हैं, तो minority कौन है। Depressed Class minority है या नहीं? minority है। Aboriginals minority है या नहीं? minority है। मुसलमान minority है या नहीं? मुसलमान minority है। और दूसरे-दूसरे आदमी हैं जो कहेंगे हम भी minority हैं। Political parties में minority थी हिन्दू मुसलमान की, लेकिन फिर दूसरे आ गये। डिप्रेस्ड क्लासेज के भीतर दूसरा आ जायेगा। यह aboriginals इसी तरह हैं। इसलिये मैं चाहता हूं कि यह शब्द minority को हटा देना चाहिये, जहां-जहां वह आया है और सेक्शन 13 को ऐसा बनाना चाहिये जिसमें सब आदमियों के दिल में ऐसा भाव पैदा हो जायेगा कि सच्चा हम लोगों को स्वराज्य मिला है, स्वाधीनता मिली है और किसी आदमी को डर नहीं है। वह जहां चाहे हर एक आदमी के माफिक उसे भी घूमने-फिरने की इजाजत मिली है, यह समझता है।

श्री सत्यनारायण सिन्हा (बिहार : जनरल) : मैं प्रस्ताव करता हूं कि अब इस विषय पर मत लिया जाये।

उपाध्यक्ष : ...मेरे विचार से तो विषय पर पूर्ण वाद-विवाद हो चुका है। पर, सदैव की भांति मैं यह जानना चाहूंगा कि क्या सभा की यह इच्छा है कि हम वाद-विवाद समाप्त कर दें।

माननीय सदस्यगण : जी हां, जी हां।

उपाध्यक्ष : तो फिर मैं डॉक्टर अम्बेडकर को उत्तर देने के लिये आमन्त्रित करता हूं।

माननीय डॉ. बी.आर. अम्बेडकर : ...शस्त्र-धारण करने के सम्बन्ध में, जिस पर मेरे मित्र श्री कामत इतने अधिक उत्तेजित हो गये

थे, मेरे विचार से जो स्थिति हमने ग्रहण की है वह बिल्कुल स्पष्ट है। यह सत्य है और सबको विदित है कि कांग्रेस इस बात का आन्दोलन करती रही कि शस्त्र-धारण करने का अधिकार होना चाहिये। इसको कोई अस्वीकार नहीं कर सकता है। वह तो इतिहास सम्बन्धी बात है। पर साथ ही साथ मेरे विचार से सभा को यह नहीं भूल जाना चाहिये कि जिन परिस्थितियों में कांग्रेस ने ऐसे प्रस्ताव स्वीकार किये थे वे परिस्थितियां अब इस समय वर्तमान नहीं हैं।

श्री एच.वी. कामत : बड़ा ही चातुर्यपूर्ण तर्क है।

माननीय डॉ. बी.आर. अम्बेडकर : ...श्रीमान्, मेरे मित्र श्री जयपालसिंह ने आदिवासियों के सम्बन्ध में मुझ से कुछ प्रश्न किये हैं। मेरे विचार से जब हम पांचवीं और छठी अनुसूची पर वाद-विवाद करें उस समय इस प्रश्न का उठाया जाना उचित होगा, परन्तु चूंकि उन्होंने इन प्रश्नों को उठा दिया है और चूंकि जो कठिनाइयां उन्होंने अनुभव की हैं, उनको सुलझाने के लिये उन्होंने विशेषकर मुझ से कहा है, मैं उस विषय पर इस समय विचार प्रस्तुत करता हूं। सभा ने यह जान लिया होगा कि आदिवासियों के सम्बन्ध में हमने विधान के मसौदे में किस स्थिति को ग्रहण किया है। हमने क्षेत्रों की दो श्रेणियां की हैं - अनुसूचित-क्षेत्र और वनजाति-क्षेत्र - वनजाति-क्षेत्र वे क्षेत्र हैं जो केवल आसाम प्रान्त में ही हैं, और अनुसूचित क्षेत्र वे क्षेत्र हैं जो आसाम के अतिरिक्त अन्य प्रान्तों में हैं। ये वास्तव में, भारतीय सरकार एक्ट में हम जिनको ''अंशतः वर्जित क्षेत्र'' के रूप में प्रयोग करते थे, उनके भिन्न नाम हैं। इससे अधिक और कुछ नहीं हैं। अनुसूचित वनजातियां दोनों में रहती हैं अनुसूचित क्षेत्रों में भी और वनजाति-क्षेत्रों में भी, और अनुसूचित क्षेत्रों की अनुसूचित वनजातियों तथा वनजाति-क्षेत्रों की अनुसूचित जातियों में परस्पर अन्तर यह हैः अनुसूचित क्षेत्रों की अनुसूचित वनजातियों पर पांचवीं अनुसूची की कंडिका 5 के प्रावधान लागू होते हैं। इस अनुसूचित के अनुसार संसद् अथवा स्थानीय विधान-मण्डल द्वारा स्वीकृत सामान्य कानून अपने आप लागू हो जाते हैं, यदि गवर्नर इस प्रकार की घोषणा न करे कि अमुक कानून अथवा अमुक कानून का अमुक भाग लागू नहीं होगा। वनजाति क्षेत्र में अनुसूचित वनजाति की स्थिति कुछ भिन्न है। वहां संसद् अथवा

स्थानीय विधन-मण्डल द्वारा निर्मित कानून तब तक लागू नहीं होगा जब तक गवर्नर उस कानून को वनजाति क्षेत्रों के लिये प्रसारित न करे। एक पर तो यदि कानून का अपवर्जन न किया जाये तो वह लागू हो जाता है और दूसरे पर यदि कानून का प्रसार न किया जाये तो वह लागू नहीं होता। स्थिति यह है।

अनुसूचित वनजातियों के प्रश्न पर यह पूछा जा सकता है कि मैंने ''आदिवासी'' के स्थान में ''अनुसूचित'' शब्द क्यों रखा। इस बात पर मेरा उत्तर यह है। जैसा कि मैंने कहा है ''अनुसूचित वनजाति'' शब्द का एक निश्चित अर्थ है क्योंकि वह वनजातियों को क्रमबद्ध करता है जैसा कि आप दोनों अनुच्छेदों में पायेंगे। ''आदिवासी'' शब्द वास्तव में एक सामान्य शब्द है जिसका कोई विशिष्ट कानूनी अर्थ नहीं है। यह कुछ-कुछ अछूत शब्द के समान है। इसका कोई निश्चित कानूनी अर्थ नहीं है। इसीलिये सन् 1935 ई. के भारतीय सरकार के अधिनियम में यह आवश्यक समझा गया कि ''अछूत'' शब्द का कुछ कानूनी अर्थ किया जाये और यही सुविधाजनक समझा गया कि उन जातियों को क्रमबद्ध कर दिया जाये, जो विभिन्न प्रान्तों तथा क्षेत्रों में वहां के रहने वालों द्वारा अछूत समझी जाती हैं। आदिवासियों के सम्बन्ध में भी यही प्रश्न उठ सकता है। आदिवासी कौन हैं? और यह प्रश्न संगत होगा क्योंकि इस विधान द्वारा हम आदिवासियों को कुछ अधिकार, कुछ विशेषाधिकार प्रदान कर रहे हैं। यदि यह विषय न्यायालय में प्रस्तुत होगा तो उसके लिये आदिवासी कौन हैं, इसकी ठीक-ठीक परिभाषा होना आवश्यक है, इसलिये यह निश्चित किया गया कि एक और श्रेणी अथवा पदावली ''अनुसूचित वनजाति'' के नाम से निर्मित की जाये और उस शीर्षक के अन्तर्गत आदिवासियों को रखा जाये। अब यदि मेरे विचार से श्री जयपालसिंह उन अनकों जातियों की तुलना, जिनका सामान्यतया आदिवासियों के रूप में वर्णन किया गया है, उन जातियों से करें जिनको अनुसूचित वनजातियों के शीर्षक के अन्तर्गत सूचीबद्ध किया गया है, तो उनको ऐसा उदाहरण कठिनाई से मिलेगा कि किसी जाति को, जिसको सामान्यतया आदिवासियों के रूप में स्वीकार कर लिया गया है, इस अनुसूची में सम्मिलित नहीं किया गया हो। मैं मानता हूं कि हो सकता है कि कहीं-कहीं ऐसी त्रुटि हो गई हो कि कोई जाति,

जो आदिवासी न हो, उसको भी सम्मिलित कर लिया गया हो। ऐसा भी हो सकता है कि कोई जाति जो कि वास्तव में आदिवासी है उसको सम्मिलित न किया गया हो, परन्तु ऐसी दशा के लिये जब कि किसी जाति को, जिसको अब तक आदिवासी समझा गया है, अनुसूचित वनजातियों की सूची में न रखा गया हो, तो हमने एक संशोधन रख दिया है, जिसके द्वारा स्थानीय सरकार को यह अधिकार होगा कि वह अधिसूचना द्वारा किसी उस विशेष जाति को, जिसको अब तक सम्मिलित नहीं किया गया है अनुसूचित वनजातियों की सूची में सम्मिलित कर ले। मैं समझता हूं कि इस बात से मेरे मित्र श्री जयपालसिंह को संतोष हो जायेगा।

उन्होंने एक और प्रश्न मुझसे पूछा है और वह यह है। मान लीजिये कि अनुसूचित क्षेत्र निवासी कोई अनुसूचित वनजाति का सदस्य अथवा वनजाति क्षेत्र निवासी कोई अनुसूचित वनजाति का सदस्य भारत के किसी अन्य भाग में, जो कि अनुसूचित तथा वनजाति दोनों क्षेत्रों से बाहर है, निवास करने जाता है तो क्या वह उस स्थानीय सरकार से, जिसके अधिकार-क्षेत्र में वह निवास करता है, उन्हीं विशेष अधिकारों की मांग कर सकेगा जिनके प्राप्त करने का अधिकार उसे तब होता है जब वह अनुसूचित क्षेत्र अथवा वनजाति क्षेत्र में निवास करता है, इस प्रश्न का उत्तर देना मेरे लिये कठिन हैं। यदि इस विषय का आन्दोलन उन क्षेत्रों में किया जाये, जिनसे ऐसे विषयों का निर्णय सम्बद्ध है, तो हम अवश्य ही इस प्रश्न का कुछ उत्तर इस विधान में किसी खण्ड के रूप में दे सकेंगे। परन्तु जहां तक वर्तमान विधान का प्रश्न है, अनुसूचित वनजाति का कोई सदस्य यदि वह अनुसूचित क्षेत्र अथवा वनजाति क्षेत्र से पृथक् हो जाता है तो उसे वे विशेषाधिकार नहीं मिलेंगे जिनका वह अनुसूचित क्षेत्र अथवा वनजाति क्षेत्र में रहते हुये अधिकारी हैं। जहां तक मैं सोच सकता हूं, यह असम्भव है कि वनजाति क्षेत्रों अथवा अनुसूचित क्षेत्रों में लागू होने वाले प्रावधानों का इन क्षेत्रों के अतिरिक्त अन्य क्षेत्रों में प्रवर्त्तन किया जाये।

श्रीमान्, मैं आशा करता हूं कि वक्ताओं द्वारा उठाये गये समस्त प्रश्नों का, जब कि वे इस खण्ड के संशोधन पर बोले, मैंने उत्तर दे दिया है और मैं आशा करता हूं कि मेरे उत्तर से उनको संतोष हो

गया होगा कि उनकी समस्त शंकाओं का निवारण हो गया। मैं आशा करता हूं कि संशोधित रूप में यह अनुच्छेद सभा द्वारा स्वीकार किया जायेगा।

उपाध्यक्ष : संशोधन संख्या 491। प्रस्ताव यह है कि :

"अनुच्छेद 13 के खण्ड (5) में 'आदिवासी' शब्द के स्थान में 'अनुसूचित' शब्द रखा जाये।"

(संशोधन स्वीकार किया गया।)

संविधान-सभा के
आदिवासी सदस्यों का परिचय

रेव. जे. जे. एम. निकोल्स-रॉय

संविधान निर्माण सभा में जयपाल सिंह मुंडा के बाद जो दूसरे प्रखर आदिवासी सदस्य हैं उनका नाम रेव. जेम्स जॉय मोहन निकोल्स रॉय है। पूर्वोत्तर के खासी जयंतिया हिल्स के रहने वाले रेव. रॉय ईसाई को खासी आदिवासी समुदाय '6ठी अनुसूची का निर्माता' और 'फादर ऑफ द ऑटोनोमस हिल्स डिस्ट्रिक्ट' के रूप में जाना जाता है। उनका लोकप्रिय स्थानीय नाम 'बाह जॉय' है और खासी लोग उनको इसी नाम से पुकारना पसंद करते हैं। संविधान-सभा में रेव. रॉय ने बहुत ही मजबूती के साथ पूर्वोत्तर के आदिवासी मुद्दों का पक्ष लिया था। उन्होंने पूर्वोत्तर के आदिवासियों के साथ शेष गैर-आदिवासी भारत द्वारा किये जाने वाले नस्लीय पूर्वाग्रहों एवं टिप्पणियों का अपने वक्तव्यों में करारा जवाब दिया। वे एक सुलझे हुए विद्धान, कई किताबों के लेखक और जाने-माने राजनीतिज्ञ थे।

रेव. रॉय नोंगक्लाव सियामेशिप के यू तिरोट सिंह के पोते थे। उनका जन्म 'शैला संघ' (Shella confederacy) में संघर्षरत मस्लियारवाइट के एक खासी आदिवासी परिवार में 12 जून 1884 को हुआ था। उनके पिता यू खान थान रॉय (खजेंद्र मोहन रॉय), जो तत्कालीन शिलांग राज्य के खापावा से थे, एक दिहाड़ी मजदूर थे। उनकी माँ रिमाई सैमीमलीह थीं, जो कि यू टिरेट सिंग सिइम की बहन थीं। रेव. रॉय की पत्नी नोरा एवलिन निकोल्स (जन्म : 27 अप्रैल 1879) अमेरिका की रहने वाली गैर-भारतीय और गैर-आदिवासी समुदाय की थीं। रॉय के साथ उनकी शादी 17 अगस्त 1907 को हुई। उनके बेटे स्टैनली निकोल्स रॉय मेघालय के विधायक और मंत्री रह चुके हैं।

निकोल्स रॉय के माता-पिता दोनों ब्राह्मणवादी प्रभाव वाले शैला समाज में अजनबी थे, लेकिन आर्थिक कारणों से वे वहां रहने के लिए मजबूर थे। एलबीए हाई स्कूल में उन्होंने अध्ययन किया, जो 1887 में विनाशकारी भूकंप के बाद बंद हो गया। हालांकि, इस भूकंप से यू खान थान रॉय के घर, उनके रिश्तेदारों और उनके सामान को कोई महत्वपूर्ण नुकसान नहीं हुआ था। फिर भी जो इस भयानक प्राकृतिक आपदा से बच गए थे उन सबके साथ उनके पिता ने सुरक्षित जसीर में रहने का फैसला किया। 1889 में शिलांग सरकारी हाई स्कूल से उन्होंने अपनी मैट्रिक की परीक्षा पूरी की। इसके बाद वह उच्च अध्ययन के लिए कोलकाता चले गए जहां से 1904 में सफलतापूर्वक बी.ए. की डिग्री प्राप्त की।

1874 से 1920 तक असम की राजधानी शिलांग को प्रतिनिधित्व का मौका नहीं मिला था। 1919 के इंडिया एक्ट के तहत 1921 के आम चुनाव में जब पहली बार शिलांग शहरी निर्वाचन क्षेत्र बनाया गया, तो रेव. निकोल्स रॉय 358 वोट हासिल करके असम विधान परिषद के लिए निर्वाचित हुए, जबकि उनके प्रतिद्वंद्वी ब्रजनाथ शिवनाथ दत्ता को 112 वोट मिले थे। 1926 में दोबारा उन्होंने शिलांग से जीत हासिल की और 1927 में उन्हें गवर्नर सर जॉन केर के मंत्रीमंडल में चिकित्सा मंत्री बनाया गया। इस तरह वे पूर्वोत्तर के पहले आदिवासी थे जिन्हें मंत्री बनने का अवसर मिला।

1935 के इंडिया एक्ट के बाद शिलांग निर्वाचन क्षेत्र को चार

सीटों में बांट दिया गया। 1937 में जब इस नये एक्ट के अनुसार चुनाव हुए तो निकोल्स रॉय ने शिलांग सीट से फिर से जीत दर्ज की और असम की सर सैयद मुहम्मद सादुल्ला मंत्रीमंडल में मंत्री नियुक्त किए गए। लेकिन बजट सेशन के पहले ही मंत्रीमंडल ने इस्तीफा दे दिया। 5 फरवरी 1938 को दूसरी बार सादुल्ला की सरकार बनी जिसमें रेव. रॉय को 'लोकल सेल्फ गवर्मेंट' मंत्रालय मिला। लेकिन यह सरकार भी कुछ ही महीनों के भीतर 20 सितंबर 1938 को गिर गई और जब गोपीनाथ बारदोलोई के नेतृत्व में नई सरकार बनी तो नई सरकार ने रेव. निकोल्स रॉय को मंत्रीमंडल में लेने से इनकार कर दिया। पर बारदोलोई की सरकार ने भी 7 नवंबर 1938 को इस्तीफा दे दिया। इसके बाद कई बार सादुल्ला की सरकार बनी और गिरी। इस बीच रेव. रॉय अमेरिका चले गए।

द्वितीय विश्वयुद्ध के कारण 1942 की बजाय 1946 में आम चुनाव हुए। इस चुनाव में भी रेव. रॉय कांग्रेस उम्मीदवार के रूप में भारी बहुमत से जीते। गोपीनाथ बारदोलोई के मुख्यमंत्रीत्व में असम में सरकार बनी। इस बार बारदोलोई ने अपने मंत्रीमंडल में रेव. रॉय को भी शामिल किया।

रेव. रॉय कांग्रेसी थे लेकिन अपनी सीमाओं के बावजूद वे हमेशा पूर्वोत्तर के आदिवासी सवालों पर डटकर खड़े रहे। उन्होंने यह कोशिश लगातार की थी कि पूर्वोत्तर के आदिवासी संगठनों का एक संयुक्त राजनीतिक मंच बने। विशेषकर खासी, गारो और मिजो आदिवासियों का। लेकिन उनका प्रयास रंग नहीं ला सका। तब भी निकोल्स-रॉय के 'खासी-जयंतिया नेशनल कॉन्फ्रेंस', संगमा के 'गारो नेशनल कॉन्फ्रेंस' और 'मिजो यूनियन' में एक आम समझदारी बनी रही।

उनके समर्थक यह मानते हैं कि खासी-जयंतिया पहाड़ियों में रियासतों और गैर-राज्यों के बीच राजनीतिक एकता की भावना के लिए, भारत के साथ पूर्वोत्तर के पहाड़ी क्षेत्रों के एकीकरण के लिए, संविधान की छठी अनुसूची को डिजाइन करने के लिए और देश के धर्मनिरपेक्ष चरित्र को मौलिक अधिकारों की धारा में मंजूरी दिलाने के लिए 1920 से राजनीति में शुरू हुई उनकी भागीदारी बहुत महत्त्वपूर्ण

रही है। 1920 के दशक में तत्कालीन असम प्रांत के गवर्नर काउंसिल के सदस्य के रूप में उन्होंने अफीम के सेवन, मादक और अन्य नशीले पेय पदार्थों अन्य सामाजिक बुराइयों के के खिलाफ सामाजिक अभियान चलाया तथा अपने लेखों के द्वारा खुलकर प्रहार किया। उन्होंने उन सभी की भलाई में व्यक्तिगत रुचि ली जो 1950 में विभाजन से प्रभावित थे। रेव. रॉय उनकी सरकारी मदद के लिए लड़े। उन्होंने चेरापूंजी से कोयला भंडार नहीं खरीदने के लिए रेलवे के भेदभावपूर्ण रवैये के खिलाफ भी संघर्ष चलाया। इसके अलावा, उन्होंने महिलाओं की स्थिति को समझा और उन्हें वोट देने तथा राजनीति में सक्रिय भागीदारी व अधिकार हासिल करने के लिए प्रेरित किया।

उनके व्यक्तित्व एवं कृतित्व पर दो किताबें प्रकाशित हैं। एक 1993 में और दूसरी 1997 में। इसके अलावा 2009 में भारत सरकार ने उनके ऊपर एक डाक टिकट भी जारी किया है।

उनकी मृत्यु 1 नवंबर 1959 को हुई।

रेव. जे. जे. एम. निकोल्स-रॉय का मकान

फूल भान शाह

फूल भान शाह गोंड आदिवासी समुदाय के थे और मध्यप्रदेश के रहने वाले थे। इनके बारे में बहुत खोजबीन करने पर भी इंटरनेट पर कुछ नहीं मिला। न तो अंग्रेजी में और न ही हिंदी में। चूंकि हमने इस पुस्तक की योजना में संविधान-सभा के सदस्यों के परिचय के बारे में पहले नहीं सोचा था। इसलिए हमारे पास इस 'कोरोना काल' में इंटरनेट के अलावा और कोई दूसरा स्रोत नहीं था। फिर भी हमने मध्यप्रदेश और छत्तीसगढ़ के कई साथियों से इनके बारे में पूछताछ की परंतु कुछ हाथ नहीं लगा। लेकिन ये तत्कालीन संविधान-सभा के सदस्य थे और सभा की उपस्थिति पंजिका तथा अन्य सभी संदर्भित जगहों पर इनका उल्लेख मिलता है।

संभवतः फूल भान शाह छिंदवाड़ा जिले के तामिया विधानसभा क्षेत्र के रहने वाले थे। क्योंकि 1951 के विधानसभा चुनाव में आदिवासियों के लिए सुरक्षित सीट थी जहां से फूलभान शाह नामक निर्दलीय उम्मीदवार के जीतने की सूचना इंटरनेट पर उपलब्ध है। तामिया, अभी मध्य प्रदेश के छिंदवाड़ा जिले में एक गाँव और इसी नाम की तहसील का मुख्यालय है। विकिपीडिया के अनुसार यह अपनी प्राकृतिक सुंदरता और शांत वातावरण के लिए प्रसिद्ध है। इसलिए इसे 'मिनी पचमढ़ी' के नाम से भी जाना जाता है। कुछ ब्रिटिश कालीन दस्तावेजों के हवाले से यह भी कहा जाता है कि इसे मध्य प्रदेश का पहला हिल स्टेशन बनाने की योजना थी, जबकि वर्तमान में मध्य प्रदेश का प्रसिद्ध हिल स्टेशन पचमढ़ी है जो होशंगाबाद जिले में स्थित है। गोंड और भरिया आदिवासी समुदायों का निवासस्थल पातालकोट घाटी इसी तहसील के अंतर्गत है। तामिया विधानसभा क्षेत्र अब शायद विलोपित हो चुका है।

ऐसा जान पड़ता है कि फूल भान शाह कांग्रेस अथवा ठक्कर से जुड़े हुए थे। इसीलिए उन्हें 'असम को छोड़कर आदिवासी क्षेत्र की उपसमिति' का सदस्य बनाया गया था जिसके अध्यक्ष ए. वी. ठक्कर थे। परंतु संविधान-सभा के तीन वर्षों तक चली किसी भी बहस में इनके द्वारा किए गए किसी हस्तक्षेप का कोई ब्यौरा नहीं मिलता है।

मायंग नोकचा

द्वितीय विश्व युद्ध के दौरान हर एक नागा मित्र राष्ट्रों के साथ खड़ा था और उनकी मदद की, सिर्फ़ दो भाइयों ज़ापू फ़िज़ो और केविलेय को छोड़कर। दोनों को रंगून में गिरफ़्तार किया गया और 17 जुलाई, 1945 को जापानियों के सहयोगी के रूप में उनसे पूछताछ की गई। ब्रिटिश डिप्टी कमिश्नर चार्ल्स पावसे द्वारा प्रोत्साहित और केवीचुसा अंगामी द्वारा प्रायोजित 'नागा नेशनल काउंसिल (एनएनसी)' युद्ध के तुरंत बाद अस्तित्व में आ गया था जिसके अध्यक्ष एक शिक्षक मायंग नोकचा थे। संवैधानिक साधनों के माध्यम से यह नागाओं के राजनीतिक और आर्थिक स्थिति में सुधार के लिए प्रयासरत एक सरकार समर्थक उदारवादी संगठन था।

शुरुआती दिनों में एनएनसी में पच्चीस सदस्य थे और इसमें प्रतिनिधित्व करने वाले सभी नागा हिल्स जिले के आदिवासी समुदाय थे। इसका मूल राजनीतिक उद्देश्य असम प्रांत के भीतर आदिवासियों

के लिए स्वायत्तता प्राप्त करना और स्व-शासन के लिए लोगों को प्रशिक्षित करना था। हालांकि, पूर्ण स्वतंत्रता के सवाल पर एनएनसी में जल्द ही दरार आ गई फिजो के नेतृत्व में चरमपंथी अंगामी नागाओं से बना एक समूह पूरी आज़ादी की मांग के साथ संगठन पर हावी हो गया। जबकि अन्य आदिवासी नेता एक पारस्परिक रूप से सहमत फार्मूले के अनुसार भारत के भीतर स्वायत्तता के लिए संघर्ष चलाने पर सहमत थे।

मायंग नोकचा मोकोकचुंग के रहने वाले थे और उन्हें पूर्वोत्तर एवं असम वाली आदिवासी उपसमिति में सदस्य नामित किया गया था। परंतु वे संविधान-सभा की एक भी बैठक में शामिल नहीं हुए।

बाद में उनकी जगह अलीबा इमती को रखा गया जो उनके बाद एनएनसी के अध्यक्ष बने थे। लेकिन एनएनसी द्वारा 'स्वतंत्रता' की घोषणा के बाद इन्होंने भी संविधान-सभा की बैठकों में हिस्सा नहीं लिया।

रूपनाथ ब्रह्मा

रूपनाथ ब्रह्मा (1902-1968) एक बोड़ो कवि, राजनीतिज्ञ और धार्मिक विद्वान थे। उनका जन्म 15 जून 1902 को कोकराझार जिले के ओवाबारी गाँव में हुआ था। वह धजेन्द्र ब्रह्मा और ख्वादूमश्री ब्रह्मा के पुत्र थे। उन्होंने 23 जनवरी 1968 को अंतिम सांस ली। उन्हें ब्रह्म धर्म की स्थापना करने में मदद करने का श्रेय दिया जाता है। उनकी कविताएँ ज्यादातर रहस्यवादी चरित्र की थीं। बारदोलोई सरकार में मंत्री बनने वाले वह पहले बोड़ो आदिवासी थे।

वे 1915 में जब छात्र थे तभी से सामाजिक-सांस्कृतिक कार्यों में जुड़ गए थे। कालीचरण ब्रह्मा के अनुयायी के रूप में उनके और मादाराम ब्रह्मा के नेतृत्व में चलाए गए जन-जागरण अभियान के कारण 1919 में कोकराझार शहर में बोड़ो छात्र संगठन 'छात्र सम्मिलनी' की

स्थापना हुई। छात्र सम्मिलनी द्वारा लिए गए महत्वपूर्ण निर्णयों में से एक था बोड़ो भाषा और साहित्य के निर्माण और विकास के लिए खुद को समर्पित करना। वास्तव में, यह नई पीढ़ी द्वारा बोड़ो भाषा को साहित्यिक दुनिया में पेश करने के लिए किए गए महान प्रयास की शुरुआत थी। जिसके नींव में थे रूपनाथ ब्रह्मा।

उन्होंने 1920 में धुबरी से मैट्रिक और 1925 में कोलकाता के कॉटन कॉलेज से ग्रेजुएशन किया था। कोलकाता विश्वविद्यालय से ही उन्होंने 1927 में वकालत की भी डिग्री हासिल की थी। पढ़ाई पूरी करने के बाद धुबरी में वे तब तक वकालत करते रहे जब तक कि 1937 में ब्रिटिश भारत में असम विधान परिषद के सदस्य नहीं निर्वाचित हो गए। यहां से उनके राजनीतिक जीवन की पारी शुरू हुई जो उनकी मृत्यु के साथ 1967 में खत्म हुई। जब वे सांसद थे।

रूपनाथ ब्रह्मा का राजनीतिक जीवन 1938 से 1967 तक का है। इस दौरान वे लगातार विधायक बने तथा असम सरकार में मंत्री रहते हुए विभिन्न विभागों का दायित्व सम्हाला। वे एक लोकप्रिय राजनेता, कवि-साहित्यकार और धार्मिक व्यक्ति थे। उनके ही प्रयासों के चलते 1957 में कोकराझार को सब-डिविजन का दर्जा मिला था।

राजनीतिक रूप से रूपनाथ ब्रह्मा कांग्रेसी थे। उन्हें संविध ान-सभा का सदस्य बनाया गया था तथा वे असम वाली आदिवासी उपसमिति के सदस्य थे। इनके भी नाम से भी संविधान-सभा की कार्रवाई रजिस्टर में कुछ भी वक्तव्य दर्ज नहीं है। ऐसा कोई भी समय नहीं आया जिसमें इन्होंने कुछ बोला हो। परंतु इसके बावजूद इसमें कोई संदेह नहीं कि एक जागरूक राजनीतिज्ञ के बतौर इनका योगदान जरूर रहा है। तभी तो ये संविधान-सभा का सदस्य निर्वाचित हुए थे।

पद्मश्री देवेन्द्र नाथ सामंत

देवेन्द्र नाथ सामंत सिंहभूम के पहले मुंडा आदिवासी हैं जिन्होंने एलएलबी की डिग्री हासिल की थी और वकालत आरंभ किया था। तब झारखंड में रांची और चाईबासा दो प्रमुख शहर थे। टाटा कंपनी के 1908 में स्थापित होने के बाद 'साकची' गांव से 'स्टील सिटी' जमशेदपुर का विकास प्रारंभिक अवस्था में था। इस दौर में पढ़े-लिखे आदिवासियों की पहली पीढ़ी जवान होने के साथ-साथ सामाजिक-राजनीतिक रूप से सजग हो चुकी थी। गांव व पहाड़-जंगल में लगातार जल रही आंदोलन की आग से खुद को वे भला कैसे अछूता रख सकते थे। नई प्रशासनिक-आर्थिक व्यवस्था में आदिवासियों के साथ हो रहा भेदभाव भी उन्हें संगठित होकर बोलने के लिए बाध्य कर रहा था। इसी के फलस्वरूप रांची में जहां पढ़े-लिखे ईसाई एवं गैर ईसाई

आदिवासियों - जुएल लकड़ा, जयमसीह तोपनो, थियोदोर सुरीन, पॉल दयाल, ठेबले उरांव, रायसाहेब बंदीराम उरांव, बोअस डुंगडुंग आदि ने 'छोटानागपुर उन्नति समाज' (जो आगे चलकर 1938 में आदिवासी महासभा और फिर 1950 में झारखंड पार्टी बनी) की स्थापना की, वहीं संताल परगना में पाउल जुझार सोरेन (सांसद, 1952), लाल हेम्ब्रम (सांसद, 1952) और चाईबासा-सिंहभूम के इलाके में नेतृत्वकर्ता की भूमिका डुम्बासाई गांव के कानूराम देवगम (सांसद, 1952) और देवेन्द्र नाथ सामंत (1899-1988) जैसे लोगों ने संभाली।

देवेंद्र नाथ सामंत का जन्म 24 अक्टूबर 1899 को सिंहभूम जिले के दोपाई गांव में एक मुंडा आदिवासी परिवार में हुआ था। उनकी आरंभिक शिक्षा चाईबासा में हुई थी और बी. ए. बी. एल. पटना से किया था। पद्मश्री सामंत का विवाह चक्रधरपुर के लउजोड़ा गांव की तारा से हुआ था।

वे सामद थे, जो कि मुंडाओं का एक गोत्र है, 'सामंत' बन गये थे। सामद से सामंत बनने की इस पूरी ऐतिहासिक प्रक्रिया का विवरण उन्होंने स्वयं 'मैन ऑफ इंडिया' के अंक-2, 1922 में दिया है। 'ए फिव ट्रेडिशंस रिगार्डिंग ओरिजिन ऑफ तमाड़िया क्लान' लेख में उन्होंने लिखा है कि सामद गोत्र के लोग खूंटी से सटे तमाड़ क्षेत्र से आकर सिंहभूम में बस गये और कालांतर में हिंदू संस्कृति के प्रभाव में सामंत हो गये।

उनका राजनीतिक जीवन 1930 के दशक में ही शुरू हो गया था। 1927, 1930 और 1933 में वे सिंहभूम जिले के नॉन मोहम्डन रूरल निर्वाचन क्षेत्र से बिहार एवं उड़ीसा विधान परिषद के लगातार सदस्य चुने गये। 1946 से 1950 तक वे बिहार लेजिस्लेटिव काउंसिल के सदस्य रहे। 1942 के भारत छोड़ो आंदोलन में उनकी राष्ट्रीय स्तर पर महत्वपूर्ण भूमिका रही।

राजनीति के आरंभिक दिनों में वे 'आदिवासी' आंदोलन से संबद्ध रहे थे परंतु 1938-39 में जब आदिवासी महासभा की बागडोर जयपाल सिंह मुंडा को दे दी गई थी, उसी समय में ये बिहार कांग्रेस के अध्यक्ष राजेंद्र प्रसाद के कहने पर कांग्रेस में शामिल हो गए थे।

कांग्रेसी होने के कारण उन्हें भी संविधान-सभा में लिया गया

था। परंतु सदस्य होने के नाते सदन में उन्होंने लगभग नहीं के बराबर बोला था। प्रायः ये चुप ही रहे थे सिर्फ एक दिन को छोड़कर। 21 जनवरी 1947 के दिन इन्होंने जवाहरलाल नेहरू द्वारा रखे गए 'लक्ष्य प्रस्ताव' पर बोला था।

1970 में उन्हें पद्‌मश्री से सम्मानित किया गया।

88 वर्ष की उम्र में 22 नवंबर, 1987 को उनका निधन चाईबासा में हुआ।

21 जनवरी 1947 को संविधान-सभा में दिया गया उनका अभिभाषण प्रस्तुत है :

''अध्यक्ष महोदय! हमारे माननीय नेता पं. जवाहरलाल नेहरू द्वारा पेश किये गये इस स्मरणीय प्रस्ताव पर मुझे अपने विचार प्रकट करने का जो अवसर आपने कृपा करके प्रदान किया है उसके लिए मैं आपका कृतज्ञ हूं।

श्रीमान्, इस प्रस्ताव का पूरे हृदय से समर्थन करने में मुझे हर्ष है। इससे पहले अनेक अन्य वक्ता भी इस प्रस्ताव का समर्थन कर चुके हैं और उन्होंने इस प्रस्ताव के उपस्थित तथा स्वीकार किये जाने की आवश्यकता, उपयोगिता तथा औचित्य पर अपने विचार प्रकट किये हैं। विभिन्न दृष्टिकोणों से, उन्होंने इस प्रस्ताव पर बहस की हैं और उन्हीं तर्कों को फिर दोहरा कर मैं इस सभा का मूल्यवान् समय नहीं लेना चाहता। प्रस्ताव का समर्थन करते हुए, मैं, आपकी अनुमति से, केवल कुछ बातें ही कहना चाहता हूं।

सर्वत्र ही यह स्वीकार किया जा चुका है कि जो विधान-परिषद् एक स्वतंत्र भारत का विधान निर्मित करने जा रही है, वह इस देश के जन-समुदाय के अथक कष्ट-सहन तथा भारी त्याग का ही परिणाम है। अतएव, जो भी विधान तैयार किया जाये, वह ऐसा होना चाहिये कि उसके द्वारा जन-कल्याण की वृद्धि और समस्त देश का लाभ हो सके।

विधान के निर्माता, जो जनता के निर्वाचित प्रतिनिधि हैं, अत्यन्त उत्तरदायी व्यक्ति हैं और अपने दायित्वपूर्ण कर्त्तव्य का पालन करते हुए वे सतर्कता एवं बुद्धिमत्ता के साथ ऐसा विधान निर्मित करेंगे, जो सभी संबंधित लोगों के लिए अधिक-से-अधिक हितकर हो।

उन सदस्यों की नेक-नीयती, ईमानदारी और सच्चाई पर हमें पूरा विश्वास रखना चाहिये, जिन्होंने हमारे देशवासियों की आकांक्षाओं की पूर्ति और देश में शांति एवं सम्पन्नता की वृद्धि करने वाला विधान प्रस्तुत करने की जिम्मेदारी अपने ऊपर ली है।

विधान निर्मित करने में जिन सिद्धान्तों का अनुसरण होगा और विधान में किन बातों की व्यवस्था रहेगी यह सब उपस्थित प्रस्ताव में बताया जा चुका है।

सौभाग्यवश प्रस्ताव में कहा गया है और यह उचित ही है कि जो भी विधान तैयार किया जायेगा, उसके अन्तर्गत भारत के सभी लोगों के लिए सामाजिक, आर्थिक तथा राजनैतिक न्याय का, पद, अवसर आदि की समानता का आश्वासन दिया जायेगा और वह उन्हें प्राप्त होगा। इससे प्रकट है कि सब लोगों को उन्नति के लिए उपयुक्त सुविधाएं उपलब्ध होंगी।

प्रस्ताव में यह भी कहा गया है कि जो भी विधान तैयार होगा, उसमें अल्पसंख्यकों, पिछड़े हुए तथा कबायली इलाकों और दलित तथा अन्य पिछड़े हुए वर्गों के संरक्षण की पर्याप्त व्यवस्था रहेगी। अल्पसंख्यकों तथा उन अन्य लोगों को, जिनके संरक्षण का इस प्रकार आश्वासन दिया गया है, यदि कुछ सन्देह हो तो इसे दूर करने के लिए यह काफी होना चाहिये।

मैं स्पष्ट कर देना चाहता हूं कि कुछ क्षेत्रों में, विधान-परिषद् में तथाकथित अपर्याप्त प्रतिनिधित्व के कारण भी शंका उत्पन्न की जा रही है। इस सम्बन्ध में मेरा सविनय निवेदन है कि किसी अल्पसंख्यक वर्ग के लिए उपयुक्त अथवा अनुपयुक्त विधान का निर्माण, उस वर्ग के प्रतिनिधित्व की केवल पर्याप्तता पर नहीं, बल्कि अंततोगत्वा विध ान-निर्माण का निर्देशन करने एवं उस पर नियंत्रण रखने वाले जनसमूह के सद्भाव पर अवलम्बित होता है। अतएव, मेरे तुच्छ विचार से, महत्व

की चीज जनसमूह की सद्भावना है, न कि विधान-निर्मात्री संस्था में किसी सम्प्रदाय विशेष के प्रतिनिधित्व का परिमाण।

अतएव, किसी अल्पसंख्यक सम्प्रदाय का यह आपत्ति करना कि उसके प्रतिनिधियों की संख्या पर्याप्त नहीं, ठीक नहीं हैऋ क्योंकि यदि वह सम्प्रदाय अन्य सम्प्रदायों की, जिन पर किसी विशेष मामले का निर्णय बहुत हद तक निर्भर होगा, सहानुभूति से वंचित हो जाता है, तो उसके प्रतिनिधियों की संख्या थोड़ी अधिक हो या कम, उससे कोई लाभ न होगा।

विधान-निर्माताओं की सच्चाई और ईमानदारी में विश्वास करके, परिगणित जातियों, आदिवासियों, सिखों, भारतीय ईसाइयों, एंग्लोइंडियनों तथा पारसियों के अल्पसंख्यक सम्प्रदायों ने, विधान-परिषद् में, उनका प्रतिनिधित्व कम एवं अपर्याप्त होने पर भी, विधान-निर्माण कार्य में सहयोग देने का निश्चय किया है और यह उचित ही है। विध ान-निर्माण में जन-समूह की आकांक्षाएं तथा उसका बल ही अब पथ-निर्देशक होगा।

विधान-निर्माण के कार्य में मुस्लिम लीग भी विधान-परिषद् में सम्मिलित होती यदि वह इस धारणा के वशीभूत न होती कि भारत के विभाजन और पाकिस्तान की स्थापना से ही उसका सर्वाधिक हित-साधन होगा। मैं बता देना चाहता हूं कि मुस्लिम लीग को छोड़कर, देश में और कोई भी देश के विभाजन के पक्ष में नहीं है। आशा है कि भविष्य में, जनता का प्रत्येक वर्ग संयुक्तभारत की आवश्यकता अनुभव करेगा।

श्रीमान्, अब माननीय डॉक्टर जयकर द्वारा पेश किये गये संशोधन पर जोर देने की आवश्यकता नहीं है और यह आशा करनी चाहिए कि संशोधन के प्रस्तावक महोदय उसे वापस ले सकेंगे।

श्रीमान्, हमारा यह महान् देश, जिसे दुर्भाग्यवश विदेशी आधिपत्य में रहना पड़ा है और ब्रिटिश साम्राज्यवादियों ने हर सम्भव प्रकार से जिसका शोषण किया है, शीघ्र ही स्वाधीन होने तथा हर प्रकार के शोषण से मुक्त होने का अवसर लाभ करेगा।

आदिवासी जन, जो अन्य लोगों के साथ-साथ ब्रिटेन-वासियों तथा उनके एजेंटों द्वारा अधिक से अधिक शोषित हुए हैं, अब यह

विचार करके प्रसन्न हैं कि भविष्य में वे इस शोषण से त्राण पायेंगे और सामाजिक, आर्थिक तथा सांस्कृतिक उन्नति का सुअवसर उन्हें प्राप्त होगा।

श्रीमान्, चूंकि बहुत अधिक माननीय सदस्य प्रस्ताव का समर्थन कर चुके हैं अतएव मैं सभा का बहुमूल्य समय अधिक नहीं लेना चाहता। इन्हीं कुछ शब्दों से मैं प्रस्ताव का समर्थन करता हूं और आशा करता हूं कि वह सर्व-सम्मति से स्वीकार किया जायेगा।''

बोनीफास लकड़ा

1930 के दशक में झारखंड आंदोलन की राजनीति की शुरुआत करने वाले आदिवासी राजनीतिज्ञों में एक लोकप्रिय नाम बोनीफास लकड़ा का है। संविधान सभा निर्माण सभा के सदस्य रहे विधायक बोनीफास लकड़ा का जन्म ग्राम दोबा, थाना कुड़ु जिला राँची (वर्तमान लोहरदगा) में 4 मार्च 1898 को हुआ था। वे अपने माता-पिता संतोषी और सिलास लकड़ा के एकलौते पुत्र थे। उनकी एक छोटी बहन भी थी। प्रारंभिक शिक्षा गांव के स्कूल से पूरी करने के बाद आगे की पढ़ाई के लिए वे रांची के संत जोन्स उच्च विद्यालय चले आए थे और यहीं से उन्होंने 1918 में मैट्रिक की परीक्षा पास की थी। रेमेन्सा कॉलेज, कटक (उड़ीसा) से इंटर किया और पटना विश्वविद्यालय से बी.ए. व एम.ए. की डिग्री हासिल की। पटना विश्वविद्यालय से ही उन्होंने लॉ (कानून) की उपाधि भी प्राप्त की। शिक्षा पूरी करने के बाद कुछ समय

तक उन्होंने स्कूल इंस्पेक्टर की नौकरी की, लेकिन 1937 में नौकरी छोड़कर रांची में वकालत करने लगे।

वकालत करने का फैसला बोनीफास लकड़ा ने इसलिए लिया था कि उस समय रांची में बंगाली और कायस्थ वकीलों का बोलबाला था। मुकदमा लड़ने के लिए वे लोग आदिवासियों से मनमानी फीस वसूलते थे और अधिकतर मामलों में विपक्षी पार्टियों के साथ मिल जाते थे। इससे आदिवासी मुकदमा हार जाया करते। न्यायालयों में आदिवासियों का पक्ष ईमानदारी और मजबूती से रखा जा सके तथा उन्हें न्याय मिले, इसके लिए लकड़ा ने आदिवासियों का मुकदमा लेना शुरू किया। बहुत कम फीस और कई बार बिना फीस लिए भी लकड़ा ने कई मुकदमे लड़े और न्यायालय में आदिवासियों को जीत दिलवाई। इससे बहुत जल्दी ही वे गरीब एवं शोषित आदिवासियों के बीच लोकप्रिय हो गए।

वर्ष 1937 में वे रांची सामान्य सीट से कैथोलिक सभा के प्रत्याशी के रूप में विधायक (बिहार प्रोविंसियल असेंबली के सदस्य) चुने गये, जबकि यहां की आदिवासी आरक्षित सीट कांग्रेस के खाते में गयी। वह 1946 से 1951 तक बिहार सरकार में एमएलसी व पार्लियामेंट सेक्रेटरी भी रहे।

इससे पूर्व उन्होंने बिशप वान होप एसजे के साथ मिलकर 1932-1933 में ईसाई संगठन, कैथोलिक सभा का गठन किया और निर्विरोध इसके संस्थापक अध्यक्ष चुने गये। कैथोलिक सभा एक दौर में राजनैतिक संगठन था, लेकिन भारी संख्या में आदिवासियों की सदस्यता ने संगठन को सरकार के समक्ष विभिन्न राजनैतिक माँगों को लेकर प्रतिवेदन देने पर बाध्य होना पड़ा, जिनमें मुख्य मांगे निम्नलिखित हैं :-

1) *राज्य पुनर्गठन कमीशन के सामने अलग राज्य की माँग।*
2) *शिड्यूल एरिया और शिड्यूल ट्राइब कमीशन।*
3) *सलाह, प्रतिवेदन झारखण्ड एरिया के नक्शा पर जोड़-घटाव के संबंध में।*

उनके नेतृत्व में ही कैथोलिक सभा धार्मिक सामाजिक संगठन के साथ ही राजनैतिक पकड़ वाली संस्था बन कर उभरी थी।

वह आदिवासी उन्नति समाज के सक्रिय सदस्य भी रहे।

जयपाल सिंह मुंडा, बंदीराम उरांव, पॉल दयाल, इग्नेस बेक, जूलियस तिग्गा, हरमन लकड़ा, थियोडोर सुरीन, ठेबले उरांव आदि के साथ 1939 में गठित आदिवासी महासभा के संस्थापक सदस्य थे। लेकिन बाद में वे आदिवासी महासभा ओर झारखंड पार्टी छोड़कर कांग्रेस में शामिल हो गए। जिसकी वजह से चुनाव के दौरान उन्हें रांची के आदिवासियों का भारी रोष झेलना पड़ा।

संविधान निर्माण सभा के सदस्य के रूप में बोनीफास लकड़ा का कोई विशेष योगदान रहा था, इसकी जानकारी हमें संविधान-सभा की दर्ज रपटों से बिल्कुल नहीं मिलता है। फूल भान शाह और देवेन्द्र नाथ सामंत की ही तरह ये भी संविधान-सभा के समूचे कार्यकाल में प्रायः 'चुप' रहे। संभव हो अपने आदिवासी साथियों के साथ इन्होंने आंतरिक चर्चाओं में मुद्दों, प्रस्तावों आदि को तैयार करने में बौद्धिक भूमिका निभायी हो, लेकिन जहां तक लिखित रिकॉर्ड का सवाल है, तो हमें पाते हैं कि संविधान-सभा की रपटों में इनके नाम से कुछ भी दर्ज नहीं है। यह भी उल्लेखनीय है कि छह आदिवासी सदस्यों में से ये एकमात्र सदस्य थे जिन्हें मौलिक अधिकार के लिए गठित सलाहकार समिति में शामिल नहीं किया गया था।

संत जेवियर्स कॉलेज, रांची व होली फैमिली अस्पताल, मांडर को सरकारी अनुदान दिलाने में उनकी महत्वपूर्ण भूमिका रही। अपने जीवन के अंतिम पड़ाव में वह अपने पैतृक गांव चले गये और खेती-बारी से जुड़ गये। अचानक अस्वस्थ होने पर उन्हें रांची लाया गया, जहां पीस रोड स्थित उनके आवास में 78 वर्ष की आयु में 8 दिसंबर 1976 को उनका निधन हो गया।

(बोनीफास लकड़ा के पुत्र विजय लकड़ा, स्टेट बैंक के सेवानिवृत्त पदाधिकारी के लेख के आधार पर)

जयपाल सिंह मुंडा : तारीखवार

पारिवारिक नाम   - प्रमोद पाहन
लोकप्रिय उपनाम   - मरङ गोमके
समुदाय   - मुंडा
गोत्र   - होरो (कच्छप)
गांव   - टकरा पाहनटोली, खूंटी (झारखंड)
मां   - राधामुनी
पिता   - अमरू पाहन
बड़ी बहन   - किस्टोमनी
छोटे भाई   - जयश्री और रघुनाथ
                        - चार और छोटी बहनें

1903	● 3 जनवरी जन्म
1908	● संत पॉल प्राइमरी स्कूल, टकरा प्राथमिक शिक्षा लूकस मास्टर से प्राप्त की।
1911	● संत पॉल स्कूल, रांची में दाखिला लिया।
1918	● नवंबर में संत पॉल स्कूल, रांची के प्रिंसिपल केनोन कॉसग्रेस (1857-1936) के साथ इंग्लैंड के लिए रवाना। ● 20 दिसंबर को डार्लिंगटन, इंग्लैंड पहुंचे। ● ईसाई धर्म की दीक्षा (बपतिस्मा) ली।
1919	● संत अगस्तीन कॉलेज, केन्टराबरी, इंग्लैंड में दाखिला।
1922	● संत जॉन कॉलेज, ऑक्सफोर्ड से मैट्रिक किया।
1923	● से 1928 तक हॉकी, फुटबॉल, क्रिकेट, रग्बी, घुड़सवारी के नियमित खिलाड़ी रहे। हॉकी में कॉलेज, यूनिवर्सिटी और इंग्लैंड के प्रोफेशनल टीमों की कप्तानी की।
1924	● डिबेटिंग सोसायटी, संत जॉन कॉलेज, ऑक्सफोर्ड के महसचिव बनाये गये।

- ऑक्सफोर्ड यूनिवर्सिटी जनरल 'आईसीएस' में स्पोर्ट्स पर नियमित रूप से कॉलम लिखना शुरू किया। साथ ही 'द टाइम्स' और तब के प्रमुख पत्र-पत्रिकाओं में खेलों पर लगातार लिखने लगे।

1925	- डिबेटिंग सोसायटी, संत जॉन कॉलेज के अध्यक्ष निर्वाचित हुए। कॉलेज एस्से सोसायटी के सदस्य बने।
	- ऑक्सफोर्ड हॉकी ब्लू होने वाले पहले एशियाई बने।
1926	- इंडियन स्टूडेंट हॉकी फेडरेशन, इंग्लैंड की स्थापना की।
	- संत जॉन कॉलेज, ऑक्सफोर्ड से एमए हुए।
1927	- आईसीएस के लिये चयनित हुए। प्रशिक्षण शुरू।
1928	- आईसीएस का त्याग किया।
	- मई, भारतीय ओलंपिक हॉकी टीम के कप्तान बने। पहला ओलंपिक मैच 18 मई को बेल्जियम के खिलाफ।
	- नवंबर में कप्तानी छोड़ दी।
	- शेल ट्रांसपोर्ट एंड ट्रेडिंग कंपनी, लंदन में प्रशिक्षु हुए।
1929	- बर्मा शेल कंपनी, कलकत्ता के मर्कन्टाइल असिस्टेंट बने।
	- मोहन बागान, कोलकाता के हॉकी टीम की स्थापना की।
	- बंगाल हॉकी एसोसिएशन के सेक्रेटरी बने।
	- इंडियन स्पोर्ट्स काउंसिल के सदस्य बने।
	- भारतीय अखबारों में खेल समीक्षाएं लिखना शुरू की।
	- 4 नवंबर को एशियाटिक सोसायटी ऑफ बंगाल के सदस्य चुने गए।
1932	- 15 जनवरी 1932 को तारा मजुमदार से दार्जिलिंग में विवाह।
1934	- अचिमोता कॉलेज, गोल्ड कोस्ट, घाना (अफ्रीका) में प्रिंसिपल रहे।
1936	- बीकानेर स्टेट में विदेश मिनिस्टर रहे।
1937	- राजकुमार कॉलेज, रायपुर में प्रिंसिपल हुए।

1938	• भारत लौटने व नवंबर में रायपुर की नौकरी छोड़ने के बाद पहली बार पटना होते रांची और अपने गांव आए।
1938	• दिसंबर के पहले सप्ताह में आदिवासी महासभा के नेताओं के साथ पहली मुलाकात और बैठक हुई।
1939	• 20 जनवरी को आदिवासी महासभा में शामिल हुए और आदिवासी महासभा की अध्यक्षता की। • 17-19 मार्च को रामगढ़ में आयोजित कांग्रेस अधिवेशन के समानांतर सुभाष चंद्र बोस की सभा करवायी। • मई में रांची व सिंहभूम जिला बोर्ड चुनाव में भागीदारी। • 25 अप्रैल को सिमको (झारखंड-ओड़िसा बॉर्डर) पर गांगपुर स्टेट व ब्रिटिश पुलिस ने सैंकड़ों आदिवासियों को मार डाला। जयपाल सिंह सिंह मुंडा के नेतृत्व में आदिवासी महासभा ने विरोध किया। • 'आदिवासी सकम' साप्ताहिक पत्र की शुरुआत की।
1940	• पटना, में बिहार कांग्रेस अध्यक्ष डा. राजेन्द्र प्रसाद से मिल कर बिहार बजट का एक तिहाई झारखंड पर खर्च करने, डिग्री कॉलेज खोलने, आबादी के अनुपात में शिक्षा एवं सरकारी नौकरियों में प्राथमिकता देने की मांग की। • 12 अक्टूबर को 'आदिवासी सनातन सभा' ने चमरा मुंडा की अध्यक्षता में बैठक कर जयपाल सिंह को आदिवासियों के नेतृत्व से बहिष्कृत करने की घोषणा की।
1942	• से 1946 तक सेकेन्ड्री बोर्ड ऑफ एजुकेशन के सदस्य।
1943	• से 1946 तक सिविलियन एडवाइजर इस्टर्न कमांड सर्विस सेलेक्शन बोर्ड के लिए सैनिक भर्ती का कार्य किया।
1944	• से 1945 तक ए. आर. पी., रांची के चीफ वार्डन रहे।
1946	• चुनाव में खड़े हुए और हारे। • बिहार सरकार को आदिवासी हितों के लिए ज्ञापन दिया। • जुलाई में संविधान सभा के लिए चुने गए और 1949 की

जनवरी तक संविधान सभा की 'पूर्णतः वर्जित एवं आंशिक वर्जित जनजातीय क्षेत्र (असम को छोड़कर) के सदस्य रहे।

● कमेन्टेटर ऑन वर्ल्ड एंड पार्लियामेंट्री अफेयर्स इन द ए. आई. आर. सर्विस रहे।

● 30 अप्रैल को संविधान सभा में आदिवासी जमीन के अधिकार को मौलिक अधिकार बनाने की मांग की।

1947 ● से 1949 तक इकोनॉमी कमिटी के सदस्य रहे।

● मुसलिम लीग के साथ गठजोड़ बनाया।

● 'आदिवासी लेबर फेडरेशन' की स्थापना की। 16 मार्च 1947 को जोड़ापोखर, झींकपानी (सिंहभूम) में मजदूरों की एक बड़ी सभा आयोजित हुई। जयपाल आदिवासी लेबर फेडरेशन के अध्यक्ष और ब्रजमोहन बारी सचिव चुने गए।

● 13 अप्रैल को आदिवासी महासभा अधिवेशन, रांची में सम्मेलन की अध्यक्षता की।

● 15 नवंबर को दिल्ली में नेहरू के साथ आदिवासी स्वायत्तता पर ऐतिहासिक वार्ता हुई। सरदार पटेल, अबुल कलाम आजाद, सरोजनी नायडू, काका साहब कालेलकर इसमें शामिल थे। राष्ट्रीय योजना आयोग के पहले अध्यक्ष जेसी कुमारप्पा और और वैरियर एल्विन इस बातचीत में विशेष रूप से मौजूद थे।

1948 ● 1 जनवरी को सरायकेला-खरसावां में ओड़िसा सरकार द्वारा आदिवासियों का जनसंहार।

● विरोध में 11 जनवरी को चाईबासा में विशाल प्रदर्शन। प्रदर्शन को संबोधित किया।

● 28 फरवरी को आदिवासी महासभा के अधिवेशन को रांची में संबोधित किया।

● झारखंड के देशी रियासतों का बिहार में विलय के लिए स्वीकृति और झारखंड के आदिवासी क्षेत्रों का बंगाल, ओड़िसा और मध्यप्रदेश राज्यों में मिलाए जाने का विरोध।

● 2 दिसंबर को संविधान से आदिवासी शब्द हटाने का विरोध किया। आदिवासी शब्द की जगह 'अनुसूचित जनजाति' शब्द का प्रस्ताव डा. अंबेडकर ने पेश किया था।

1950

● 1 जनवरी को आदिवासी महासभा की जमशेदपुर में आयोजित अधिवेशन में महासभा एक राजनीतिक पार्टी बनाते हुए 'झारखंड पार्टी' की घोषणा।
● दिल्ली फ्लाईंग क्लब के अध्यक्ष बने।

1951

● ध्यानचंद हॉकी टूर्नामेंट के अध्यक्ष बने।

1952

● मार्च में हुए प्रांतीय एवं केन्द्रीय चुनावों में भाग लिया। झारखंड पार्टी के 32 विधायक और 4 सांसद पार्टी के चुनाव चिन्ह 'मुर्गा' पर जीते। स्वयं रांची पश्चिम (खूंटी) संसदीय क्षेत्र से निर्वाचित हुए।
● तारा मजुमदार के साथ कानूनी संबंध विच्छेद हुआ।
● 7 मई को जहांआरा जयरत्नम के साथ दूसरा विवाह।
● तारा तीनों बच्चों - सीता, जोया और बेटे अमर के साथ इंग्लैंड में जा बसी।
● रेलवे बोर्ड, शेड्यूल कास्ट, शेड्यूल ट्राइब्स एंड अदर्स बैकवर्ड क्लासेस स्कॉलरशिप कमिटी, प्रेस कमीशन और एस्टीमेट कमेटी के मेम्बर बने।

1953

● पार्लियामेंट स्पोर्ट्स क्लब के जेनरल सेक्रेटरी बने।

1954

● 22 अप्रैल को पटना में राज्य पुनर्गठन आयोग को अलग झारखंड प्रांत के लिए ज्ञापन।
● 17 दिसंबर को जहांआरा से पहले पुत्र बिरसा जयपाल का रांची में जन्म।

1955

● 2 फरवरी को राज्य पुनर्गठन आयोग झारखंड आया। छल से बिहार के कांग्रेसियों ने जयपाल सिंह मुंडा को आयोग के समक्ष जाने से रोका।

1957

● चुनाव में भागीदारी। झारखंड पार्टी के 34 विधायक और

5 सांसद जीते। खूंटी से संसद के लिए दोबारा विजयी।

● 28 फरवरी को दूसरे पुत्र जयंत जयपाल का जन्म।

● से 1961 तक इंटरनेशल ओलंपिक कमिटी द्वारा देश में खेलों की स्थिति पर गठित तीन सदस्यीय जांच समिति के सदस्य रहे।

1958   ● पत्नी जहांआरा राज्यसभा के लिए निर्वाचित।

1959   ● जून में 23 साल बाद यूरोप और अमेरिका की यात्रा की।
● पुत्री जानकी जयपाल का जन्म 19 जुलाई को।
● अगस्त में वर्ल्ड अफेयर्स काउंसिल को संबोधित किया।
● यूएनओ की बैठक में भाग लिया।
● ओकाहोमा आदिवासी नेशन, अमेरिका में सम्मानित हुए।

1962   ● चुनाव में झारखंड पार्टी के 22 विधायक और 5 सांसद जीते। खूंटी से तीसरी बार संसद के लिए विजयी।

1963   ● 20 जून को झारखंड पार्टी का कांग्रेस में विलय किया।
● 3 सितंबर को राज्यपाल ने रांची में उपमुख्यमंत्री पद की शपथ दिलायी। पंचायत एवं सामुदायिक विकास विभाग का प्रभार मिला।
● 2 अक्टूबर को मंत्री पद से हटाये गये। मात्र 29 दिन मंत्री रहे।

1964   ● पत्नी जहांआरा कांग्रेस से राज्यसभा में गयी।
● कांग्रेस की वादाखिलाफी के विरूद्ध संसद में नेहरू से सवाल किया और कांग्रेस के अखिल भारतीय अध्यक्ष डी. संजीवैया व कोषाध्यक्ष अतुल घोष को पत्र लिखा।
● जयपाल सिंह मुंडा की मांग पर ‘छोटानागपुर रिजनल बोर्ड’ की स्थापना बिहार सरकार ने की।

1966   ● जहांआरा इंदिरा मंत्रीमंडल में ट्रांसपोर्ट उपमंत्री बनी।

1967   ● कांग्रेस की टिकट से खूंटी ससंदीय सीट पर विजयी। चौथी बार लगातार सांसद बने।

● जहांआरा केन्द्रीय पर्यटन व नागरिक उड्डयन उपमंत्री बनी।

● मार्च में बीमार हुए। कोलकाता के नर्सिंग होम में भरती।

● मई से जुलाई तक समुद्री यात्रा पर रहे।

1969   ● जहांआरा केन्द्रीय शिक्षा उपमंत्री बनी।

1970   ● 13 मार्च को रांची में आयोजित झारखंड पार्टी के सम्मेलन में पार्टी में लौटने की सार्वजनिक घोषणा की।

● 19 मार्च को कोलकाता में पूर्व पत्नी तारा से मिले।

● 20 मार्च को संदेहास्पद अवस्था में मृत्यु। अंतिम संस्कार मुंडा विधि विधान से गांव टकरा में हुआ। मां-बाप के बगल में दफनाया गया।

● जहांआरा केन्द्रीय शिक्षा एवं युवा विभाग उपमंत्री बनी।

● जयपाल निम्नलिखित समितियों और संगठनों में रहे, जिनकी समयावधि का पता नहीं चल सका -
अध्यक्ष, छोटानागपुर हॉकी एसोसिएशन
अध्यक्ष, दिल्ली हॉकी एसोसिएशन
अध्यक्ष, दिल्ली क्रिकेट एसोसिएशन
अध्यक्ष, दिल्ली फुटबॉल एसोसिएशन
सदस्य, दिल्ली फिशिंग क्लब
सदस्य, दिल्ली जिमखाना क्लब
सदस्य, दिल्ली गोल्फ क्लब
सदस्य, दार्जिलिंग जिमखाना क्लब
सदस्य, ऑल इंडिया काउंसिल ऑफ स्पोर्ट्स
कार्यकारी सदस्य, नेशनल स्पोर्ट्स क्लब ऑफ इंडिया
सदस्य, इंडियन ओलंपिक एसोसिएशन
सदस्य, इंडियन ओलंपिक कमिटी
संस्थापक सदस्य, क्रिकेट कंट्रोल बोर्ड ऑफ इंडिया
सदस्य, नेशनल इंटीग्रेशन काउंसिल
सदस्य, रेलवे एक्सिडेंट इनक्वायरी कमिटी

जयपाल सिंह मुंडा : प्रमुख उपलब्धियां

- ऑक्सफोर्ड से पढ़ाई करने वाले पहले भारतीय आदिवासी।
- देश और खेल के लिए आईसीएस (भारतीय प्रशासनिक सेवा) का 1928 में त्याग करने वाले पहले भारतीय।
- अंतरराष्ट्रीय स्तर पर पहले भारतीय खेल समीक्षक और रिपोर्टर।
- देश की ओलंपिक हॉकी और औपनिवेशिक दौर में ओलंपिक खेलों में हॉकी चैम्पियन बनने वाली पहली एशियाई टीम के पहले कप्तान।
- देश के पहले आदिवासी शिक्षाविद एवं अन्तरराष्ट्रीय शिक्षक गोल्ड कोस्ट, घाना (अफ्रीका)।
- औपनिवेशिक भारत में ब्रिटिश कंपनी में उच्च पद पर नौकरी पाने वाले पहले भारतीय।
- भारत के देशी रियासत (प्रिंसले स्टेट) में विदेश मंत्री का पद पाने वाले एकमात्र आदिवासी हैं।
- भारत की पहली व्यावसायिक हॉकी टीम (मोहनबागान, कोलकाता, 1929) के संस्थापक।
- आधुनिक भारत में आदिवासी अधिकार और स्वायत्तता की राजनीति और राजनीतिक पार्टी के संस्थापक बौद्धिक नेतृत्वकर्ता।
- भारतीय राज्यों की सरकार में उपमुख्यमंत्री बनने वाले पहले आदिवासी राजनेता।
- आदिवासी ट्रेड यूनियन के पहले संस्थापक।
- देश के पहले आदिवासी जो 1952 से 1967 तक चार बार लगातार सांसद रहे।
- देश के पहले आदिवासी, हिंदी और अंग्रेजी भाषाओं के बहुभाषी लेखक, पत्रकार और संपादक-प्रकाशक (1939)।
- ऑटोबायोग्राफी (1967) लिखने वाले पहले भारतीय आदिवासी
- भारत के पहले खिलाड़ी राजनीतिज्ञ।